LE SIÈGE
DE MARSEILLE
PAR LE
CONNÉTABLE DE BOURBON.

Chronique du seizième siècle.

PAR MÉRY.

MARSEILLE.
IMPRIMERIE SENÈS, RUE SAINT FERRÉOL, 27.

1841

LE SIÉGE DE MARSEILLE

PAR LE CONNÉTABLE

DE BOURBON.

MARSEILLE. — SENÈS, IMPRIMEUR-ÉDITEUR,
Rue Saint-Ferréol, 27.

LE SIÉGE
DE MARSEILLE

PAR LE

CONNÉTABLE DE BOURBON.

Chronique du seizième siècle.

PAR MÉRY.

PARIS.
LIBRAIRIE DE DUMONT,
PALAIS-ROYAL, 88.

1841.

A Monsieur

LE COMTE JULES DE CASTELLANE.

Permettez-moi de dédier une illustre date à un illustre nom.

Votre bien affectionné.

HÉRY.

15 avril 1841.

PRÉFACE.

Les in-folio de vieilles histoires de Provence, si prodigues de grands détails dans les petites choses, n'ont donné que peu de mots au siége de Marseille par le connétable de Bourbon, en 1524. On ne conçoit pas cette négligence, on ne l'explique pas. Les histoires de France se sont élevées si haut pour juger les faits, qu'elles n'ont pu découvrir dans un coin reculé du royaume une ville luttant, avec un héroïsme antique, contre le plus formidable ennemi de François Ier. Une bataille de quarante jours et de quarante nuits, soutenue par des marchands et des femmes contre les plus vaillans soldats de l'Europe, a été regardée comme un fait insignifiant.

Dans son excellente *Histoire de Marseille*, M. Augustin Fabre a donné à ce mémorable siége tout le développement que les dimensions de son ouvrage comportaient. Notre historien a consacré à ce brillant épisode des pages pleines de patriotisme et d'éclat.

Nous avons pensé qu'il fallait une histoire, une chronique à part, un livre spécial pour célébrer cette glorieuse quarantaine de nos aïeux et de nos aïeules. On a mis à notre disposition des documens inédits, des manuscrits de l'époque, et c'est avec ces matériaux épars que nous avons composé ce livre. Voilà tout ce que peut faire un écrivain marseillais ; quelques pages de chronique locale, lorsqu'il faudrait élever un monument de marbre ou d'airain.

CHRONIQUE DU SEIZIÈME SIÈCLE.

I

Dans le printemps de 1834, nous étions en nombreuse compagnie au château de Fontainieu ; c'était après les terribles événemens de Lyon. Le présent et l'avenir n'avaient pas un aspect aussi riant que l'horizon de notre campagne, de notre ville et de notre mer. La sérénité du ciel et le calme de nos collines formaient un contraste singulier avec notre agitation civile. La nature semblait sourire ironiquement à la terre. Le moindre bruit venu de la cité lointaine se transformait en cri d'émeute, en éclat de canon.

— Dans quel horrible temps vivons-nous !

Telle fut la réflexion qui s'échappa du milieu de notre cercle, et qui fut accueillie par un silence approbateur.

— C'est un temps comme un autre, dit une voix de philosophe, avec un grand flegme de résignation.

Les visages sourirent mélancoliquement, et avec de certaines contractions qui exprimaient l'incrédulité.

— Comme un autre, répéta la même voix, et meilleur qu'un autre, je dis.

Les mêmes expressions de doute se renouvelèrent autour du philosophe résigné.

Celui-ci, à son tour, nous donna un sourire

intelligent, sorte de préface muette qui annonce un discours persuasif.

— Vous êtes Marseillais ? nous dit-il.

Signe général d'affirmation.

— Eh bien ! ajouta-t-il, vos pères ont subi vingt pestes, vingt siéges, vingt incendies ; la face de notre ville a été changée vingt fois en vingt siècles : savez-vous ce que cela veut dire ?

Il n'y eut plus de mouvemens d'incrédulité sur les visages.

— Voulez-vous que je vous console un peu de ce que vous souffrez en 1834, ici, dans une belle résidence, avec un doux printemps, devant ce magnifique horizon ?

Toute la société demanda cette consolation.

— La journée est fraîche sous nos grands arbres, dit le philosophe ; l'été passera par dessus nos têtes sans nous brûler. La noble hospitalité du comte de Castellane nous a fait ces doux loisirs. Nous ne sommes pas soumis aux dures obligations du travail. Causons.

— Causez seul, nous dîmes tous.

— Soyez tranquilles, poursuivit le sage, je ne vous ferai pas une histoire. A la campagne, les histoires sont lourdes; je vous dirai un conte de 1524. L'histoire est souvent fausse; mon conte sera vrai.

Dames et messieurs se firent des parasols avec les arbres, des divans avec le gazon, des éventails avec des feuilles de marronnier; on s'arrondit autour du conteur, et lui, après avoir caressé de sa main l'épiderme de son front, nous dit le premier chapitre de ses consolations.

Vous voyez à droite, là-bas, sur l'horizon maritime, un vaste bois de pins qui est entre la terre et le ciel: il y avait autrefois, à la lisière occidentale de cette forêt, un château de plaisance appartenant au sire Honoré de Valbelle.

Le 11 du mois d'août 1524, M. de Valbelle donnait un bal d'été sur la terrasse de ce château. C'était une fête charmante ; belles et nobles dames, jeunes et nobles cavaliers s'y trouvaient en nombre. Le soleil leur riait à tous comme à nous aujourd'hui ; la mer chantait à leurs pieds ; les aromates de la colline embaumaient l'air ; la gaité rayonnait sur le visage des femmes, sur la cime des arbres, sur le sable de la rive, sur le gazon de la terrasse, partout.

On entendit le galop d'un cheval ; tous les yeux se tournèrent vers le petit sentier qui mène au chemin d'Aix : un jeune homme, ruisselant de sueur et les cheveux blanchis de poussière, tomba comme un trouble-joie au milieu de la fête et fit taire les bruits du bal.

MM. de Valbelle, de Montlevrier, d'Aspremont, de Vivaux, de Vateluc et autres entourèrent le jeune cavalier.

Celui-ci parla ainsi : Vous choisissez un beau jour pour vous ébattre et rire! Que Notre-Dame-de-Bon-Secours vous garde, mes honorés maîtres!... Le connétable de Bourbon arrive; il est là.

Son doigt désignait les montagnes d'Aubagne et de Gemenos, sur la route de Toulon.

Eh bien! dit M. de Montlevrier, nous l'inviterons au bal.

Les dames poussèrent un cri de terreur.

M. de Valbelle fit un signe au tambourin et présenta sa main à Mme Claire de Laval; la jeune et belle danseuse accepta l'engagement avec un sourire délicieux, mais les autres dames ne suivirent pas cet exemple. Le nom formidable de Charles de Bourbon était tombé comme la foudre sur la terrasse du bal; ce nom emportait avec lui tant d'horribles idées de désolation, de sacrilége, de violence, que le cœur de toutes les femmes se glaça d'effroi.

Les groupes se pressèrent autour du cavalier, et on l'accabla de questions. Il répondait ainsi : Bourbon a dispersé la flotte de l'amiral Lafayette ; il a pris Antibes, Grasse, Fréjus, Draguignan ; Cassis et Brignolles se sont défendus, mais ils ont cédé. Aix ne se défendra pas. Le Connétable sera demain à Aix. Il a deux mille chevaux et vingt-cinq mille hommes d'infanterie, tous bandits achevés. Je ne précède que de quelques instans M. de Brion ; vous allez le voir.

En effet, Philippe Chabot, baron de Brion, apparut bientôt, suivi de deux cavaliers. François Ier lui avait donné le commandement de Marseille avec le titre de vice-roi.

Oui, oui, messeigneurs, dit M. de Brion sans descendre de cheval : le traître Connétable m'a donné rendez-vous à Marseille ; il a

dit à mon hérault que je lui ai envoyé à Brignolles : J'entrerai à Marseille mort ou vif.

Il n'y entrera pas du tout ! dit le maître de l'artillerie, Pierre de Vivaux. Les hommes applaudirent cette parole ; les femmes regardaient avec des yeux mornes le chemin d'Aix, que couvrait un long nuage de poussière depuis les Grottes jusqu'aux gorges de Septèmes : ce nuage annonçait l'ouragan du lendemain.

M. de Brion donna ses ordres à voix basse aux gentilshommes qui l'entouraient, et, saluant les dames, il s'élança au galop sur la route de Marseille.

Toute cette société, tantôt si joyeuse, se divisa par familles et descendit lentement le sentier tortueux qui conduisait à la caranque du château de Valbelle. On mit les canots à la voile, et la mer porta tout ce monde à la tour de Saint-Jean.

Il ne resta plus sur la terrasse du château que des paysans et leurs femmes, s'entretenant du Connétable en faisant des signes de croix.

C'est qu'il n'y avait pas à cette époque une plus éclatante et plus terrible renommée : Charles de Bourbon occupait alors l'Europe entière du bruit de sa félonie et de sa vaillance. Il était de cette légion de géans qui, dans la triple bataille de Marignan, émoussèrent vingt épées à côté de François Ier. En ce temps Charles de Bourbon était fidèle et son blason pur ; quelques injustices commises à son égard par la mère du roi jetèrent le Connétable dans les rangs de son mortel ennemi Charles-Quint. Un noble caractère aurait dédaigné ces injures, qui ne pouvaient jamais justifier une trahison ; mais le Connétable ne possédait pas cette vertu stoïque du grand citoyen élevé au dessus des faiblesses humaines : il avait l'orgueil d'un démon dans l'ame d'un héros ; l'orgueil perdit l'ame. Bourbon ne fut qu'un Attila baptisé.

Ici le narrateur s'arrêta comme pour chercher quelque chose d'oublié dans la nuit de son érudition, puis il continua en ces termes :

Faisons-nous le plan de Marseille à cette époque : la ville s'appuyait au midi sur la tour Saint-Jean, longeait le Port, se prolongeait avec ses remparts jusqu'à l'extrémité de la rue des Fabres, montait à la Porte-d'Aix sur une ligne parallèle au Cours actuel, et se repliait vers la porte de la Joliette par une autre ligne de murs au terrain de notre boulevart des Dames.

De Brion, vice-roi de Marseille, avait pour la défendre huit mille hommes de troupes, dont la moitié se composait de soldats lombards, napolitains et romains, sous les ordres de Rance de Cères, de l'illustre maison des

Ursins. Neuf mille Marseillais formèrent une milice urbaine et se nommèrent des chefs. On plaça des canons sur le clocher de la Major, large comme un bastion, et dont la cloche, nommée le *Gros-Lazare*, résonnait elle-même comme une pièce d'artillerie. La tour de Sainte-Paule, démesurément élevée par dessus la batterie des moulins des Carmes, reçut une coulevrine nommée le *Basilic*, qui, pivotant sur son affût et tournant sur la plateforme circulaire comme une aiguille de fer sur un immense cadran, distribuait des boulets énormes à la plage d'Arenc, au Cannet, à l'abbaye Saint-Victor, sur tous les rayons où l'ennemi se montrait à découvert.

Le 15 août, la procession de la Vierge partit de la Major et suivit la ligne des remparts. Au moment où elle passait à l'ombre de la tour Sainte-Paule, et qu'elle était saluée par l'artillerie des Moulins et par la coulevrine, un groupe de cavaliers étincelans s'élança de la Plaine sur les hauteurs où se trouve aujourd'hui notre Lazaret.

Charles de Bourbon avait quitté son camp du plan d'Ailhane près d'Aix, et il venait en personne faire une reconnaissance autour des murs de la ville. Les Marseillais virent du haut des remparts leur terrible ennemi à une distance qui leur permettait de détailler jusqu'aux moindres particularités de son costume et de son visage ; car le Connétable s'avançait à portée de pistolet avec une audace merveilleuse et faisait piétiner son cheval sur le glacis, comme un écuyer dans un hippodrome devant une galerie de spectateurs. Bourbon était alors âgé de trente-six ans; sa figure, ciselée au type des races chevaleresques, était pleine de distinction fière, mais farouche, et le volcan des passions intérieures avait amaigri déjà ses joues brûlées au soleil d'Italie et d'Espagne. Il ressemblait plutôt à un artiste vénitien qu'à un soldat; sa barbe noire cotoyant le bas des joues et se liant à l'arc de la moustache rappelait exactement l'école de Titien. Il était coiffé d'une toque de velours noir fort inclinée sur l'oreille gauche et ombragée d'une large plume blanche; sa cotte d'armes damasquinée laissait à nu son cou de taureau, sillonné d'artères convulsives et puissamment attaché sur des épaules d'athlète que l'on devinait à travers l'armure de bronze ciselé. Calme sur son cheval et faisant admirer la souplesse de son torse, il avait toute la grace aristocratique d'un prince du moyen-âge et l'allure aventureuse du héros.

En ce moment, des milliers de femmes et de jeunes filles vêtues de blanc entonnèrent l'*Ave maris stella*, et la statue de la Vierge des Accoules, portée par trente capitaines marins, sembla glisser, comme le Palladium de Troie, sur la corniche des remparts. Une volée de canons partit de la batterie des Carmes : trois cavaliers de l'escorte du Connétable tombèrent morts, et le héros, par un mouvement plein de noblesse, ôtant sa toque de velours, salua l'image de la Vierge; ensuite, se retournant vers le marquis de Pescaire, moins dévot que lui : « Soyez donc religieux une fois, mon Patrocle! » lui dit-il. Et Pescaire salua la procession, en accompagnant cette marque de respect d'un sourire ironique de mécréant.

Quatre jours après, le 19 août, le Connétable revint avec toute son armée et investit Marseille.

Le drapeau de l'Empereur fut arboré sur la bastide de la Blancarde, quartier-général du Connétable. Le marquis de Pescaire s'établit à l'hôpital Saint-Lazare avec ses lansquenets; le capitaine Salluzzio vint occuper le débouché du chemin d'Aubagne avec ses Italiens; les Espagnols et leur commandant, Lopez Huertomaz, se logèrent au pied des tours de l'abbaye Saint-Victor.

Ainsi, la mort, le pillage, la violence, la désolation, représentés par les plus féroces bandits de l'époque, cernaient de toutes parts notre pauvre cité phocéenne. Les femmes pleuraient et priaient dans les églises; les hommes aiguisaient leurs lourdes épées sur le seuil de toutes les maisons; les artilleurs veillaient, mèche allumée, aux batteries; les prêtres imploraient la protection de Dieu. Les incertitudes du présent se confondaient avec les horreurs inévitables de l'avenir.

Notre chroniqueur suspendit son récit, en nous montrant le soleil incliné derrière les marronniers de la terrasse. L'ombre des allées du château avait pris une teinte crépusculaire; mais dans l'immense plateau de campagne et de mer qui s'étendait sous nos yeux, tout rayonnait encore de la joie d'une soirée de juin, et nos esprits se reportaient naturellement vers ce formidable 19 août 1524 qui voila d'un crêpe de deuil ces magnificences de notre nature. Décidément nous étions un peu moins infortunés que nos aïeux.

Le lendemain, à la même heure, le chroniqueur continua son histoire, et chaque jour eut son chapitre jusqu'à la fin du récit.

II

Dans la nuit du 19 au 20, la sentinelle qui veillait sur la porte de la Joliette vit, dans l'ombre, au pied des remparts et de l'autre côté du large fossé, une forme humaine qui sondait la profondeur de l'eau stagnante. La sentinelle abattit son arquebuse de ce côté et fit feu.

Une voix claire et perçante monta du fossé

au rempart ; elle disait, dans un provençal traînant et plaintif : « *Hé! ne tirez pas, je suis un ami! — Hé! tirè pa, sieou un ami!*

L'ami traversa le fossé à la nage, et, se cramponnant aux aspérités du rempart avec ses ongles de fer, il arriva sur la corniche avec l'aide de la sentinelle, qui allongea ses buffleteries sur le talus glissant du sommet.

Victor Vivaux, fils du maître de l'artillerie, commandait le poste de la Joliette ; ce fut lui qui reçut l'intrépide escaladeur du rempart et qui l'interrogea. C'était un berger de Saint-Marcel, nommé Pierre Méry (1); il avait trente ans, des cheveux noirs et bouclés, une figure de bélier comme tous les pâtres méridionaux, une attitude indolente et des yeux de flamme sous un front brûlé par le soleil.

(1) Ancêtre de l'auteur : ce titre de noblesse est déposé aux archives de la ville.

Victor Vivaux lui fit signe de s'asseoir et lui offrit un verre de sirop de capillaire, mais le berger refusa le siége et le rafraîchissement.

« Je ne suis pas las, dit-il, et je n'ai pas soif; mon métier est de marcher toujours et de ne boire jamais. Je mène paître mes chèvres sur la colline des Myrthes, entre Saint-Tron et La Penne; que Dieu les garde du loup cette nuit!... Nous sommes tous de braves gens ici, n'est-ce pas? on peut parler?

Victor Vivaux fit un signe de tête affirmatif. Le berger croisa ses longs bras nus sur sa poitrine et dit :

« J'ai passé deux jours avec ces antéchrist de *Backins* qui *désavient* les pauvres gens; ils ne se méfiaient pas de moi.... un pâtre!... Je leur ai donné du lait pour rien; ils me l'auraient pris si je leur avais demandé six liards. Il y a avec eux des espèces de Sarrasins, noirs comme des rois maures, qui parlent une langue de diable; il y a des Catalans, il y a des Ponentais, il y a de tout : ceux-là je ne comprends pas un mot de ce qu'ils disent; mais je comprends les Bachins. Voici donc ce qu'ils ont dit entre eux : demain matin, à la pointe du jour, ils attendent douze gros canons par la route d'Aix. J'ai pensé que ce serait une belle affaire de leur enlever ces douze canons, et rien ne m'a coûté pour venir ici vous le dire. Si vous leur prenez cette batterie, la ville est sauvée; tout est fini avant le commencement. Moi, pour vous prouver que vous devez avoir confiance en mes paroles, je resterai tout le jour en ville, j'entendrai la messe à Saint-Cannat, et la nuit prochaine je regagnerai la colline quand la belle étoile se lèvera sur Garlaban.

Victor Vivaux serra la main du pâtre, et il se disposait à lui adresser d'énergiques remercîmens, lorsque des acclamations parties du dehors changèrent la scène.

Précédé de porteurs de torches et de bannières, suivi d'une escouade de citoyens armés, M. de Brion arrivait au corps-de-garde de la Joliette. Auprès de lui on remarquait les plus illustres seigneurs de la Provence et les plus nobles roturiers de Marseille : Rance de Cères, Louis de Grasse, de Glandevès, Jean de Caux, de Valbelle, de Forbin, de Candolle, d'Albertas, de Gérente, Roux, Gontar, de Bègue, Aymin, Edouard Fabre, Antelme, Gras, Altovitis, Pâris, Grosson, Reboul, Rostan, Bouis, Baume, Vitrolle, Gautier, Paul, et d'autres encore dont les noms seront cités en leur place. Cette solennelle ronde de nuit, commandée par le vice-roi, était imposante comme la circonstance. Les gobelets illuminaient toutes les fenêtres, les feux de sarmens toutes les places ; la ville étincelait comme à la veillée de Saint-Jean.

Victor Vivaux, après avoir rendu les honneurs militaires à M. de Brion, lui demanda la permission de lui présenter le berger de la colline des Myrthes, et lui communiqua à voix basse le rapport de ce noble espion.

De Brion regarda fixement le pâtre, et le tirant à part il s'entretint quelque temps avec lui. Appelant ensuite le capitaine marin Baume, il lui donna un ordre dont l'exécution parut très urgente, car ce brave marin s'élança vers la plateforme de l'Observance et disparut dans le sentier sinueux qui mène à la Major. La ronde se remit en marche du côté opposé, dans la direction de la Porte d'Aix.

Aux premières clartés de l'aube, la flotte de Lafayette, ancrée devant Pomègue, *dérapa* et se dirigea vers la plage d'Arenc.

La mer était unie comme une glace de

Venise, et elle laissait à découvert les petits rochers plats à fleur d'eau qui gisent devant la batterie de la Major. Tout indiquait une journée sereine, favorable aux opérations de la flotte et décisive pour Marseille.

L'esplanade de la Tourette était inondée de Marseillais qui suivaient tous les mouvemens des vaisseaux, et s'efforçaient, dans des discussions véhémentes, à deviner le but mystérieux de Lafayette. Ce secret n'était connu que de quelques personnes, et il était religieusement gardé.

Lafayette plaça les vaisseaux en ligne de bataille, tous le flanc tourné contre la route d'Aix et le pont d'Arenc. C'était, graces au calme de la mer, une succession de batteries immobiles dont les coups ne devaient pas manquer leur effet. En même temps, M. de Cères, à la tête de quatre mille soldats, apprêtait une sortie combinée avec l'action décisive de l'amiral. Au lever du soleil, un petit souffle descendit du nord, la mer se rida et son azur devint un bleu foncé.

Ceux mêmes qui ne savaient pas le but de l'amiral ne purent se défendre d'une terrible impression en voyant les vaisseaux se balancer légèrement sur les petites vagues qui se formaient dans la baie d'Arenc. Les soldats de la milice stationnés sur la batterie de la Major entendirent une brise sourde qui montait de la mer et agitait les ormeaux du parvis de la cathédrale. — Voilà le mistral! — Ces trois mots volèrent sur toute la ligne des remparts du nord.

De Brion était monté sur la tour Sainte-Paule, observatoire dont la cime dépassait de cent pieds les plus hauts édifices de la ville, et de cette hauteur il aperçut des tourbillons de poussière qui couvraient *la Viste* et annonçaient un passage de troupes. —

C'est peut-être le maréchal que Sa Majesté nous envoie ? dit le jeune Altovitis, qui servait d'aide-de-camp au vice-roi. — Impossible ! dit de Brion en secouant la tête ; j'aperçois distinctement, à travers les éclaircies de poussière, un drapeau qui n'est pas le nôtre et des lignes rouges de lansquenets. Ce sont les canons qui arrivent à l'ennemi. Le pâtre était bien informé.

Aussitôt, pour faire diversion, il ordonna aux artilleurs du *Basilic* de tirer au midi sur les Espagnols logés devant l'abbaye Saint-Victor.

La formidable coulevrine s'allongea comme un bélier romain en dehors des larges créneaux, et vomit d'énormes boulets qui passaient en sifflant sur la ville et le port, et faisaient voler en éclats les assises diamantées des tours de l'abbaye. A ce signal, les batteries de la Porte-Royale foudroyèrent les bandes d'impériaux campés à l'avenue du chemin d'Aubagne, et la tour Saint-Jean, venant en aide à la coulevrine de Sainte-Paule, balaya de plus près toutes les avenues de Saint-Victor. Au fracas de ces tonnerres les cloches de toutes les églises mêlèrent leurs voix graves et leurs joyeux carillons, comme pour annoncer aux soldats de Marseille que Dieu bénissait leur courage et que les prières accompagnaient les boulets.

Il n'y a d'effrayant que le premier jour dans les grandes calamités publiques ; les ames les plus faibles s'étonnent bientôt de trouver en elles-mêmes un courage qu'elles ne soupçonnaient pas ; les extrêmes périls courus en nombreuse compagnie ont un certain charme qui ne se révèle qu'avec eux. Chez les peuples méridionaux surtout, la transition de l'effroi à l'héroïsme est instantanée. Le courage permanent accuse une absence complète d'imagination. Le plus poltron de tous les peuples a été le peuple romain, un peuple de héros! Il avait inventé la *terreur panique*, mise, il est vrai, sur le compte du dieu Pan pour sauver l'honneur du pays; chez lui, l'autel de la Peur s'élevait à côté de l'autel de Mars.

Ainsi ne soyons pas étonnés de voir, après les premières volées de canon du 20 août, quelques groupes de jeunes dames de la noblesse d'Aix et de Marseille et de la bourgeoisie de ces deux villes apparaissant avec un visage serein sous les ormeaux de la place de Lenche. Les jeunes gens qui passaient en armes les saluaient du geste et se contentaient de les applaudir par un cri de joie, n'osant s'arrêter de peur de perdre un seul instant, toujours si précieux dans ces occasions solennelles où le sort d'une ville dépend d'un instant. Les femmes du peuple, enhardies par cet exemple, descendirent du *Château-de-Joly* et montèrent du *Banc-Long* et de la rue des *Ferrats*; elles furent accueillies par les grandes dames avec une cordialité fraternelle : car les suprêmes périls rapprochent les distances, comme la mort.

Insensiblement, les Marseillaises réunies sur la place de Lenche se hasardèrent dans la rue de l'Evêché, tout obscurcie par la fumée que le mistral, malheureusement levé avec le soleil, chassait du nord au midi. Arrivées au carrefour des *Treize-Coins*, elles se divisaient par groupes fort nombreux : les unes continuaient de s'avancer vers la porte de la Joliette, les autres remontaient vers les batteries de la butte des Moulins. Il ne fallut rien moins que l'arrivée de cette armée de femmes pour ranimer l'ardeur éteinte des soldats et des artilleurs. De tristes choses venaient de se passer : la flotte de Lafayette n'avait pu garder long-temps sa position formidable ; emportée par la bise du nord, elle avait couru des eaux d'Arenc aux plages de Mont-Redon, laissant çà et là quelques débris, et n'échappant que par miracle aux rescifs de la côte. Ainsi la première opération du siége fut frappée d'une fatalité de mauvaise augure : ce qui devait faire naître le découragement chez un peuple superstitieux. Le mistral était venu en aide aux ennemis, et dans une saison où il ne souffle jamais ! A la faveur de ce puissant auxiliaire, le convoi du Connétable était descendu paisiblement de la montagne de la Viste ; il avait traversé le pont d'Arenc que rien ne défendait, et Rance de Cères avait retenu l'impétuosité de ses soldats derrière la herse de la Porte-d'Aix, son projet de sortie ayant échoué. La batterie de siége, déjà parvenue à l'hôpital Saint-Lazare, allait prendre ses positions. Le Connétable, visiblement favorisé par le ciel, quittait à la même heure son quartier-général de la Blancarde, et s'installait dans une bastide sur cette hauteur du Cannet nommée *le Calvaire* et qui domine le pont d'Arenc. Bourbon voulait présider lui-même à l'ouverture de la tranchée et tracer leur chemin aux ingénieurs. — *Quelques coups de canon*, dit-il à Pescaire, *effraieront si bien ces bons bourgeois, qu'ils viendront, la corde au col, m'apporter les clés de leur ville.* — *Vedremo!* dit Pescaire avec son accent railleur.

C'est devant notre ville que le connétable de Bourbon devait apprendre à faire le siége de Rome; il s'essayait sur Marseille. De son temps, l'art des siéges était encore à son berceau; mais Bourbon, avec son génie inventeur, soupçonnait déjà les futures combinaisons des siècles à venir. Il comptait fort peu sur ses mineurs et beaucoup sur son artillerie. La mine était trop lente pour cette ardeur infernale qui voulait conquérir l'Europe au vol du cheval. Ce qu'il lui fallait, c'était une tranchée vivement ouverte, un millier de coups de canon dirigés sur un seul point, le plus vulnérable, une bonne et large brèche et un assaut décisif; lui, Bourbon, le premier sur la première échelle, montrant sa plume blanche à ses soldats. Aussi, au tomber du jour, le 20 du mois d'août, le Connétable dessina lui-même sur la poussière ses lignes de tranchée à deux cents toises des bastions du nord : ce fut sur l'emplacement compris entre notre place Pentagone actuelle et la mer, au quartier de Malaval.

Dès ce moment, les impériaux restèrent immobiles sur les points occupés, loin des remparts de Marseille. Les Marseillais, qui avaient vu disparaître la bannière du Connétable sur la bastide de la Blancarde, frappés de l'inaction qui régnait dans le camp ennemi, s'imaginèrent bientôt que le Connétable, effrayé de leur attitude belliqueuse, renonçait à un siége qui s'annonçait long et terrible. Ainsi, réglant leur conduite sur celle de l'ennemi, ils firent taire leurs batteries et restèrent dans les limites d'une sage vigilance, l'arme au bras et la mèche allumée sur les affûts. Pendant cette espèce de trève, la mode ne perdit pas ses droits : elle institua une promenade mondaine sur le boulevart de la tour Sainte-Paule et un sermon aux Grands-Carmes. Il y eut une merveilleuse exhibition de toilettes et d'étoffes du meilleur goût ; les nuances des robes, les formes des collerettes et des coiffures empruntèrent des noms de circonstance, noms terribles qui contrastaient étrangement avec la grace des atours désignés : c'est alors que les faiseuses de modes de la place de Lenche inventèrent les collerettes à canons. Insensiblement, les femmes de tous les rangs se familiarisèrent avec les images de la destruction qu'elles avaient sous les yeux; elles s'éprirent de passion pour cette formidable promenade plantée de mousquets, d'arquebuses, de hallebardes, de bannières, et qui n'offrait pour banquettes de repos que des affûts noircis de poudre et les cylindres des coulevrines et des canons. Les prêtres et les religieux, toujours si timides dans les petites circonstances, toujours héroïques dans les grandes, se montrèrent sur les remparts. Les enfans établirent leurs jeux dans l'embrasure des créneaux, et ce fut là qu'eux aussi inventèrent le *bataillon*, récréation dangereuse qui a survécu malheureusement à l'époque, et qui, bravant depuis trois siècles toutes les défenses municipales, désole encore de nos jours les quartiers des Carmes, de la Tourette et de la Major.

En tête des nobles dames qui donnèrent l'exemple du courage et le mirent à la mode, il faut placer Gabrielle et Claire de Laval : elles s'établirent, pendant toute la journée du 21 août, sur la plateforme de la tour de Sainte-Paule, et brodèrent de leurs belles mains, sur une large pièce de soie couleur d'argent, la croix d'azur de Marseille. Le patriotique étendard fut arboré le lendemain par les artilleurs de la tour et salué par les acclamations de la ville entière ; une légère brise d'été l'enflait mollement dans les airs et le soleil l'inondait de tous ses rayons.

Cette inaction dura quatre jours, et l'impatience marseillaise se lassa d'un repos qui n'était ni la guerre ni la paix : quatre jours, en pareille circonstance, ont la valeur d'une année. Citoyens et soldats brûlaient d'en venir aux mains ; on se pressait derrière les herses et les ponts-levis dans l'espoir que les chefs ordonneraient la sortie tant désirée. Ces vœux ardens étaient à la veille de se réaliser, ainsi que vous le verrez bientôt.

III

Un orage du mois d'août a éclaté sur la ville et la campagne ; la nuit est tombée avec ses ténèbres et ses mystères ; c'est un temps comme il en faut pour les entreprises de guerre ou d'amour. Aussi le capitaine Charles de Monteoux , à la tête de mille citoyens résolus, vient-il de se faire ouvrir la Porte-Royale au bout de la rue des Fabres ; car il veut risquer une sortie dans les jardins et les plaines de chanvre de la Cannebière. Deux héroïques amazones le suivent ; l'une est la femme et l'autre la nièce de Charles de Laval ; elles ont dans leurs fontes des pistolets richement damasquinés, et tiennent chacune à sa blanche main une épée si bien travaillée qu'elle a plutôt l'air d'un bijou que d'une arme.

L'ennemi fuyait en désordre dans la direction de la route d'Aubagne, lorsque la cavalerie espagnole qui gardait cette avenue tomba sur les Marseillais et les força de rentrer dans la ville. Pour beaucoup des nôtres la retraite fut malheureusement coupée ; ils arrivèrent trop tard devant la Porte-Royale, elle était déjà fermée, et le pont-levis laissait à découvert un fossé large et rempli d'eau. Là quelques Marseillais furent pris ; d'autres, profitant de l'obscurité, gagnèrent la campagne. De ce nombre étaient le jeune Victor Vivaux, fils du maître de l'artillerie, et les deux jeunes femmes dont nous avons déjà parlé, Gabrielle et Claire Laval. Tous les genres de périls menaçaient les deux amazones dans cette nuit et à travers cette armée impie qui tuait, ravageait, déshonorait pour gagner l'enfer, et qui, trois ans plus tard, devait violer Rome au milieu de l'incendie et sur un fleuve de sang.

Gabrielle, la femme de Charles de Laval, avait trente-deux ans: surprise à l'improviste par la proposition d'une sortie qu'avait faite le capitaine Charles de Monteoux, et qu'elle avait acceptée, elle et sa nièce, avec l'aventureuse témérité dont les femmes donnèrent tant de preuves à cette époque, elle n'avait pas voulu faire attendre le chef de l'expédition, et elle était partie vêtue comme elle était, c'est-à-dire avec une ample robe de soie à taille longue, gauffrée sur tous les plis, avec un corset de velours bien carrément dessiné sur les épaules et se terminant en pointe au dessous du sein; en outre, sur la lisière supérieure du corset montait un encadrement de hautes et raides dentelles qui laissaient à découvert un cou de cygne. La figure qui donnait la vie au beau corps et aux étoffes avait un type merveilleux de distinction: c'était un front pur et blanc découpé en lignes admirables; c'était un regard doux qui jaillissait de grands yeux d'un noir limpide; c'était une bouche adorable où le sourire s'épanouissait comme dans une rose; c'était un ensemble divin qui avait été légué à Marseille par les sculpteurs de Mitylène et de Délos. Cette noble tête portait une couronne ondoyante de cheveux d'ébène qui, sous certains jeux de lumière, semblaient rouler des reflets ardens, comme la vague de la mer par une nuit sombre roule des teintes de feu dans ses plis noirs et mobiles.

Quant à la jeune fille qui l'accompagnait, Claire de Laval, sa nièce, elle n'avait que vingt ans. Il paraîtrait incroyable qu'à cet âge une femme osât affronter les périls de la guerre, si l'on ne savait combien à ces époques de troubles où la vie des hommes et l'honneur des femmes étaient perpétuellement en jeu, celles-ci montraient de bonne heure un caractère d'énergique résolution; au reste, l'histoire de Marseille est là pour l'attester à l'éternel honneur du beau sexe qui fut aussi le sexe héroïque. Claire de Laval, à peu près vêtue comme sa tante, aurait pu être prise pour la sœur de Gabrielle; elle avait des cheveux blonds richement prodigués sur les tempes et sur les épaules, de beaux yeux druidiques couleur de mer orageuse, un teint admirablement fondu dans le lis et la rose, un charme de figure saisissant et magnétique, enfin une grace souveraine dans toutes les ondulations de son corps quand elle marchait, avec une étourderie charmante, sur la pointe de ses brodequins dorés comme les sandales d'une odalisque ; assise et rêveuse, elle avait cette nonchalance des femmes blondes, cette tranquillité radieuse qui presque toujours est un volcan en repos.

Leur seul compagnon, Victor Vivaux, était un grand et leste jeune homme de vingt-quatre ans, renommé pour sa galanterie entre les plus aimables donneurs de sérénades de la place de Lenche, un franc Marseillais du moyen-âge. Les deux amazones et le jeune officier qui leur servait de guide suivirent quelque temps au grand galop la direction qu'ils avaient prise à travers terre ; mais bientôt le sol se trouva tellement coupé de haies et de fossés, que leurs chevaux leur devinrent non seulement inutiles, mais gênans ; d'ailleurs, soit en hennissant, soit en piaffant, ils pouvaient les trahir. Les trois fugitifs mirent donc pied à terre, abandonnèrent leurs montures dans un carré de chanvre et continuèrent leur route sans prononcer une seule parole, car de tout côté, autour d'eux, des fracas soldatesques annonçaient la présence de l'ennemi. Enfin, les deux femmes suivant toujours aveuglément leur guide par des sentiers non frayés, ils atteignirent les hauteurs qui dominent le vallon d'Auriol ; là ils tournèrent le dos à la ville, et de sinuosités en abîmes ils arrivèrent sur cette plage sablonneuse qui se courbe en arc du Rocher-Blanc au Mont-Redon.

Tout le monde sait que ce rivage ressemble à s'y méprendre aux attérages d'une île déserte ; car, préoccupé sans cesse des chances de la guerre, le Marseillais ne songe à cultiver d'autres jardins que ceux qui s'étendent à l'ombre de ses remparts. L'Huveaune, à son embouchure, forme un delta de marécages au milieu desquels il coule à la mer. Quelques cabanes de pêcheurs s'élèvent seules à de longs intervalles sur les cailloux de la rive; seulement, au milieu des eaux staggnantes du petit fleuve et à l'extrémité d'une chaussée naturelle de roches souvent couvertes par les vagues, apparaît une maison de construction isolée qui semble protester contre la solitude et rappeler aux marins voguant vers Planier les temps anciens où cette plage fut visitée par les galères de Tyr et de Sidon.

Lorsque nos fugitifs atteignirent le rivage, la mer était assez calme malgré l'orage. Victor Vivaux s'élança, le premier, sur la chaussée naturelle en s'aidant des branches d'un tamarin échevelé, et, prêtant l'oreille aux bruits nocturnes, il n'entendit plus que le râlement de la tempête agonisante, le frôlement des saules et des roseaux, et vers le nord un grondement sourd parti sans doute de la coulevrine de Sainte-Paule qui chantait un duo avec la foudre du ciel.

Il se baissa alors et tendit la main à Gabrielle, qui, en un instant, aidée par son secours, se trouva près de lui sur la chaussée; puis à Claire, pour laquelle, pendant cette fuite, on avait pu remarquer chez le jeune homme une partialité de soins toute particulière; voyant enfin les deux femmes près de lui, et jetant d'un côté les yeux sur la mer et de l'autre sur les marécages :

— Maintenant, mesdames, leur dit-il en respirant plus librement, je vous permets de parler, car nous sommes en lieu sûr; il n'y a plus ni soldats ni maraudeurs autour de nous.

— Pour moi, dit Gabrielle avec un éclat de rire, je ne pardonnerai jamais à M. le Connétable de m'avoir fermé la bouche pendant deux mortelles heures, si bien que je n'ai pas même adressé le moindre compliment à l'orage, qui cependant, autant que j'ai pu m'occuper de lui, m'a paru fort beau.

— Sainte-Vierge-des-Carmés ! s'écria Claire, dans quel pays sommes-nous tombés? Sommes-nous sur terre ou sur mer?

— Rassurez-vous, mademoiselle, dit Victor; je connais le pays.

— Vous connaissez ce désert sauvage, M. Vivaux ?

— Sans doute, et vous allez vous orienter comme moi, car voilà la lune qui écarte les nuages pour vous voir passer. Tenez, mesdames, regardez là-bas dans les tamarins : il y a une maison que je connais comme la mienne; nous y sommes venus cent fois avec

M. de Beauregard, le capitaine de la tour Saint-Jean.

— Et que veniez-vous faire ici, messieurs ? dit Gabrielle, accompagnant cette interrogation d'un ton à demi goguenard, pendant que Claire regardait le jeune homme avec une certaine inquiétude.

Le jeune homme comprit ce regard et répondit en souriant aux deux femmes, quoiqu'une seule l'eût interrogé :

Nous venions faire une chose toute simple, mesdames : nous venions pêcher au *fustié*. Cette petite maison appartient à M. de Beauregard ; il ne se doute guère qu'elle va nous servir d'asile cette nuit.

— Et si la porte est fermée ? demanda Gabrielle.

— Nous l'enfoncerons, répondit Victor.

— Oh ! murmura Claire, à qui cette manière de s'impatroniser paraissait, malgré le danger, un peu sans façon.

— Que la Vierge de Bon-Secours nous garde, dit Gabrielle ; il me semble que je vois luire quelque chose de sinistre là-haut.

Et de la pointe de son épée qu'elle n'avait point encore remise au fourreau, elle désignait la colline du nord.

Les regards s'attachèrent sur cette direction, et il se fit un moment de silence.

— Chut ! dit Claire en tressaillant.

— Qu'y a-t-il ? demanda Victor en se plaçant instinctivement devant la jeune fille.

— J'entends du bruit, reprit Claire.

— Où ? demanda Victor, baissant la voix à chaque interrogation.

— Là, là, tout près de nous, dans ces algues noires, répondit Claire si bas que pour l'entendre Victor fut obligé d'approcher sa joue près des lèvres de la jeune fille, et qu'il sentit son haleine.

— C'est la mer ou le vent, dit le jeune

homme restant un instant incliné ; le danger n'est pas là ; il est là, ajouta-t-il à voix basse à son tour en montrant l'Huveaune.

— En effet, en effet! dit Claire en saisissant le bras du jeune homme ; tenez, là, là!... devant nous....

Victor se retourna du côté indiqué et il aperçut une grande figure noire qui se levait d'entre les saules de l'Huveaune et s'avançait vers la chaussée.

— Silence! dit Victor.

Et il laissa l'apparition s'engager sur la digue étroite ; puis, lorsqu'elle ne fut plus qu'à quelques pas de lui, il s'élança à sa rencontre l'épée à la main, tandis que les deux femmes s'apprêtaient, si besoin était, à donner secours à leur défenseur.

— Qui es-tu ? que veux-tu ? demanda le jeune homme en appuyant son épée sur la poitrine du nouvel arrivant, qui, au lieu de se défendre, tomba humblement à genoux.

— Oh! monsieur le Marseillais! répondit le bonhomme qui, à l'accent de Victor, avait reconnu un compatriote.

— Ah! ah! dit Victor, qui venait de faire la même découverte : il paraît que nous n'avons pas affaire à un ennemi ; mais n'importe : quand par ces temps-ci on se rencontre dans un lieu semblable et à pareille heure, il faut se connaître; je répéterai donc ma question : Qui es-tu ? que veux-tu?

— Je suis le patron Bousquié, le pêcheur de M. de Beauregard, et je vais tirer les *thys*.

— Pardieu! c'est vrai, dit Victor. Mesdames, ajouta-t-il en se retournant, ne craignez rien, nous sommes en pays de connaissance.

— Tiens! c'est M. Victor, dit le pêcheur avec un gros rire; et moi qui ne l'avais pas reconnu! Bonsoir, M. Victor.

— Bonsoir, mon ami.

— Ah bien ! en voilà une merveille de vous voir quand je vous croyais derrière les portes de la ville. Est-ce que ce serait encore une partie comme ....?

— Chut ! dit Victor.

— Ah ! mais, c'est que le temps est drôlement choisi.

— Tu dis donc que tu allais pêcher ? interrompit brusquement le jeune homme, à qui le tour qu'avait pris la conversation paraissait évidemment désagréable, et qui désirait la changer.

— Hélas ! oui, je vais pêcher, répondit le patron Bousquié avec un gros soupir.

— Eh bien ! mais qu'as-tu donc ? demanda Victor : j'ai vu le temps où cette occupation était pour toi une fête.

— Oh ! oui, quand je pêchais pour M. de Beauregard, ou bien pour vous, quand vous veniez avec cette petite....

— Et pour qui pêches-tu donc maintenant ?

— Pour qui je pêche ? Sainte-Vierge-Noire ! je pêche pour ces gueux d'Italiens, qui viennent manger mon poisson et qui me le paient en grands coups de manche de hallebarde.

— Comment ! les Italiens viennent ici ? s'écria Victor.

— S'ils viennent ! mais ils n'y manquent pas une nuit ; dans une heure ils y seront. Tenez, ne m'en parlez pas, M. Victor ; ce sont de vrais Turcs, des corsaires, des Sarrasins qui cherchent gratis des femmes et des bouillabaisses, des maudits de Dieu, quoi ! Ils ont avec eux deux Allemands habillés comme des valets de carreau ; ceux-là n'ont pas inventé la poudre, mais ils n'en valent pas mieux, allez.

— C'est bien, assez parlé, dit Victor. Tiens, patron Bousquié, voilà deux dames qui ont besoin de repos ; elles ont laissé la semelle de leurs bottines sur les rochers, et ont leurs jolis pieds tout meurtris. As-tu dans ta cabane un bon lit d'algue sèche pour ces deux dames ?

— Oh ! ma cabane, répondit patron Bousquié, ces dames y seraient trop mal ; ce serait bon tout au plus pour ces petites demoiselles que......

— Eh bien ! mais alors où ces dames vont-elles passer la nuit ?

— Si la mer n'était pas si terrible, je vous dirais qu'où elles seraient le mieux, c'est chez elles ; nous monterions dans ma barque, et comme la mer est libre depuis que la flotte de Lafayette a chassé ce damné Moncade, je me ferais fort de vous remettre dans une heure à la chaîne du port.

— Eh bien ! dit Gabrielle en s'avançant, ceci me paraît un moyen excellent ; montons dans la barque, nous sommes braves et nous n'avons pas peur.

— Oh ! non, madame, dit patron Bousquié en hochant la tête ; non, ce serait tenter Dieu.

— Mais la mer n'est cependant pas trop grosse, murmura Claire.

— Non pas ici, sans doute ; mais la mer, ma petite demoiselle, sans comparaison, c'est comme les femmes, il ne faut pas en juger par ce qu'elles nous montrent ; ici elle est assez tranquille, assez bonace ; mais là-bas, voyez-vous, au delà de ce rocher où rien ne l'abrite, elle fait le diable. Non, non, M. Victor, croyez-moi, mieux vaut attendre.

— Mais où attendre, puisque tu dis que chez toi nous ne serions point en sûreté ?

— Suivez-moi, dit patron Bousquié, je vais vous ouvrir la maison de M. de Beauregard ; vous y serez mieux que chez moi. Si les Italiens viennent, montez à mesure qu'ils monteront. Dans le grenier, vous trouverez une échelle et une trappe. Vous monterez sur le toit, vous tirerez l'échelle, et s'ils vous poursuivent jusque là, vous aurez toujours une dernière chance : c'est de vous jeter du haut en bas de la maison, si vous ne voulez pas être pris.

Les deux femmes se serrèrent la main.

— Viens alors, dit Victor Vivaux.

Le pêcheur prit la tête de colonne, et les trois fugitifs le suivirent en silence ; puis, au bout d'un instant, ils passèrent devant une haie de plantes marines, montèrent l'escalier d'un perron ; patron Bousquié poussa une porte et la porte s'ouvrit.

— Diable ! dit Victor, si la porte ne ferme pas mieux que cela, tu aurais bien dû nous conduire autre part.

— Nous la barricaderons en dedans, dit Gabrielle.

— Gardez-vous-en bien, ma belle dame,

répondit le pêcheur, ce serait vous dénoncer au premier coup. Non, non; ils ont l'habitude de trouver la porte ouverte, laissez-la ouverte, ils n'y verront rien. Croyez-moi, faites ce que je vous dis.

— Vous pensez donc qu'ils viendront, demanda timidement Claire.

— Peut-être qu'ils viendront, peut-être qu'ils ne viendront pas. Ces diables d'Italiens, c'est fantasque comme des marsouins; on ne peut rien dire. Dans tous les cas, je tâcherai de leur faire assez bonne cuisine pour les tenir à la maison.

— Et voilà pour te défrayer du souper que tu leur donneras, dit Victor en glissant deux pièces d'or dans la main de patron Bousquié.

— Ah! il n'y a pas besoin de cela, M. Victor; ça m'ôte le plaisir de vous obliger pour l'amour de Dieu; cependant je ne veux pas vous refuser, car ce ne serait pas honnête.

— Eh bien donc ! mets cela dans ta poche et fais-nous bonne garde.

— Oui, oui ; mais surtout ne fermez pas la porte, entendez-vous ?

— C'est chose dite, sois tranquille.

— Alors, bonne chance ! — A propos, mesdames, reprit le patron en revenant sur ses pas, si vous savez quelque petite prière bien efficace.... Je ne veux pas me permettre de vous donner un conseil, mais vous comprenez ? il n'y aurait pas de mal à la dire.

Puis, comme effrayé de sa hardiesse, le patron Bousquié fit un dernier signe de la tête et de la main et sortit vivement.

Restés seuls, Victor et ses deux compagnes s'orientèrent de la main ; car, pour les yeux, dans cette salle basse, il n'y fallait pas compter. Avoir une lumière, c'était se dénoncer ; force était donc de se reconnaître à tâtons. Tout en cherchant, Victor entendait dans le silence battre le cœur de ses compagnes, et il lui semblait qu'il reconnaissait les battemens de celui de Claire. Enfin il trouva l'escalier.

— Par ici, dit-il.

Les deux femmes se rallièrent à sa voix; Victor étendit la main et saisit une main tremblante; par terreur, sans doute, cette main serra la sienne. Victor n'eut pas même besoin de demander à qui elle appartenait.

— Suivez-nous, madame, dit-il en se retournant du côté où il présumait que pouvait se trouver Gabrielle; nous sommes au pied de l'escalier.

— Montez alors, dit Mme de Laval: je tiens la robe de Claire.

— Que cherchez-vous, ma tante? demanda la jeune fille.

— Rien; mon mouchoir que j'ai laissé tomber.

— Je redescendrai tout à l'heure et je le ramasserai, dit Victor.

Tous trois alors montèrent l'escalier étroit et sombre qui conduisait aux étages supérieurs; puis ils cherchèrent à tâtons la porte d'une chambre, et entrèrent dans la première venue avec l'intention d'y attendre que la mer fût calmée. Les dames ne purent remarquer si l'ameublement était digne d'elles, car l'obscurité couvrait les quatre murailles, mais elles furent ravies de trouver sous leur main quelque chose de souple et de ouaté qui ressemblait à l'édredon d'un matelas.

— Victor, dit Gabrielle, si vous voulez descendre, nous allons essayer de nous reposer un instant.

— Vous veillerez sur nous, n'est-ce pas ? dit Claire.

— Oh! comptez sur moi, mademoiselle, répondit Victor. Jamais sentinelle, je vous en réponds, n'aura été plus fidèle à son poste que je le serai.

— Et tâchez de retrouver mon mouchoir, qui pourrait nous trahir.

— J'y vais, répondit Victor.

Et on l'entendit descendre l'escalier.

Le jeune homme chercha pendant un quart d'heure, mais il ne trouva rien.

Pendant ce temps, les deux femmes quittaient leurs robes, avec lesquelles il était impossible de se coucher.

— Comprenez-vous, ma tante, dit Claire, dans quelle inquiétude M. de Laval doit être à cette heure ?

— Bah ! répondit Gabrielle, ce sont les accidens de la guerre ; M. de Laval nous croit mortes, mais comme il est de garde à la tour Sainte-Paule, il n'a pas le temps de nous pleurer... Je voudrais bien avoir un miroir.

— Un miroir, ma tante ? et pourquoi faire?

— Pour rajuster mes cheveux qui doivent être dans un état abominable.

— Mais quand vous auriez un miroir, ma tante, il me semble que, dans l'obscurité où nous sommes, il ne vous servirait pas à grand'chose.

— Bah! en ouvrant cette fenêtre, notre lune est si belle que nous y verrions comme en plein jour. Pousse donc un peu le contrevent, Claire.

— Oh ! ma tante, c'est bien imprudent.

— Non, non; pour voir seulement si tout est tranquille.

Claire obéit, et un rayon de clarté nocturne illumina la chambre, éclairant la charmante tête de la jeune fille debout à la fenêtre. On aurait cru voir Amphytrite, la blonde reine de la mer, qui jetait un regard d'amour sur la beauté sauvage de ses domaines.

Pendant ce temps Gabrielle avait trouvé un

miroir, et placée un peu en arrière de Claire, mais dans le même rayon, elle rajustait ses cheveux.

— Voilà qui est fait, dit-elle après un instant. Maintenant jetons-nous sur ce lit; nous réciterons les litanies de la Vierge et le *Sub tuum* avant de nous endormir; je dirai les versets et tu répondras les *ora pro nobis*. Viens-tu?

— Oui, ma tante, oui, dit Claire en se reculant un peu sans cependant quitter la fenêtre; mais c'est qu'il me semble....

— Il te semble quoi? demanda Gabrielle.

— Voir des hommes qui s'approchent, suivant la même route que nous avons suivie. Je les entends, ma tante, je les entends.

— Bah! dit Gabrielle, c'est le vent qui souffle dans les tamarins.

— Non, ma tante; les voilà, je les vois: ils sont cinq, six, sept....

— Gabrielle ne fit qu'un bond, du lit où elle allait se reposer, jusqu'à la fenêtre, et, appuyant ses mains sur les épaules de Claire, elle se haussa sur la pointe des pieds et regarda par dessus sa tête.

— Voyez-vous? dit Claire en retenant sa respiration.

— Oui, je les vois.

Les hommes échangèrent quelques paroles entre eux.

— Ce sont des Italiens, dit Gabrielle.

— Oh! mon Dieu! mon Dieu! nous sommes perdus! murmura Claire en joignant les mains.

Trois petits coups frappés à la porte de la petite chambre firent en ce moment tressaillir les deux femmes, puis elles entendirent une voix qui disait :

— C'est moi; n'ayez pas peur, c'est Victor Vivaux.

Gabrielle courut à la porte et l'entr'ouvrit.

— Eh bien ! demanda-t-elle.

— Eh bien ! on vient de notre côté.

— L'ennemi ?

— J'en ai peur.

— Que faire ?

— Suivez le conseil de patron Bousquié : montez plus haut, cherchez une bonne cachette et ne vous inquiétez pas de moi. Si loin que je paraisse être de vous, je ne vous perdrai pas de vue.

Et, sans attendre la réponse des deux femmes, il se replongea dans l'obscurité de l'escalier.

— Claire ? dit Gabrielle.

— Me voilà, ma tante.

— Viens.

— A ces mots elle lui prit la main et l'entraîna hors de la chambre ; elles gagnèrent l'étage supérieur, où elles restèrent aux aguets, le cou tendu sur la rampe de plâtre qui tourne avec l'escalier.

Au dehors, entre la treille et le perron, deux hommes qui paraissaient les chefs d'une bande de maraudeurs, parlaient haut sans gêne aucune, de manière à être entendus partout dans le silence de la nuit.

— Je te dis, Taddeo, disait l'un, que je les ai vues passer comme des ombres, que j'ai mesuré leurs pieds sur le sable : ce sont des pieds pas plus longs que mon doigt et minces comme ma langue ; et puis, qu'est-ce que tu dis de cette frange de brodequin que nous avons trouvée sur la colline ? Taddeo, l'on sent la chair fraîche ici.

— Je commence à croire que tu as raison, répondit l'autre.

— *Per Bacco!* je le crois bien que j'ai raison! Vois-tu, nous avons perdu leur piste à vingt pas d'ici, là-bas où les cailloux commencent ; si les déesses ne prennent pas un bain dans ce marais, elles dorment là derrière cette porte..... Bien ! où est mon lansquenet ? Eh ! Cornélius, avance ; mais avance donc ! que diable fais-tu, drôle ? tu bâilles aux étoiles ! Écoute : passe sous cet arceau, mon petit Tudesque, et garde la maison de l'autre côté pour couper la retraite. Oh ! par saint Pierre, mes belles dames, vous ne m'échapperez pas.

— Qu'est-ce que cela ? dit Taddeo en ramassant le mouchoir que Gabrielle croyait avoir laissé tomber dans le vestibule et qui était tombé au pied du perron.

— Vive Dieu ! répondit Geronimo en le prenant des mains de son camarade, c'est un *fazzoletto* tout brodé et tout parfumé d'essence de rose, lequel ne m'a pas l'air de sortir de la poche d'un pêcheur : on ne prend pas du poisson avec ce filet-là.

— Montons, Geronimo, montons; et vous camarades, zsit! zsit!...

Le reste de la troupe s'approcha. — Venez ici et restez là. Bien! Maintenant soyez sages, et vous aurez les femmes de chambre, s'il y en a.

Eh! non, non! montons tous; pas d'aristocratie ici, nous sommes tous égaux; d'ailleurs, plus nous serons, plus la visite sera complète. Où est l'autre Allemand?.... eh! mon lansquenet, Forster! Forster!..... ici. Assieds-toi sur ce perron à cheval et le poignard au poing. Les déesses ont un cavalier avec elles, car nous avons vu ses pieds sur le sable. Tous les égards du monde pour les femmes, une balle de plomb au cavalier; entends-tu, mon petit Allemand? voilà la consigne.

— *Ia*, *meen heer*, répondit le lansquenet en se mettant à cheval sur le perron à l'endroit même que lui avait indiqué son commandant.

Alors Geronimo ouvrit la porte : selon la recommandation de patron Bousquié, elle n'était point fermée.

— On ne voit pas plus clair ici que dans un four, dit un des Italiens ; n'as-tu donc pas ton briquet, Taddeo ?

— Est-ce que jamais je marche sans lui ? répondit le soldat.

Au même instant l'on vit jaillir les étincelles d'un caillou ; l'amadou prit feu ; bientôt on vit briller la lueur légère d'une allumette ; elle suffit à Geronimo pour découvrir une lanterne posée dans un coin du vestibule.

— Voilà notre affaire, dit-il, il y a un bon Dieu pour les honnêtes gens. Allume, allume !

Taddeo ne se le fit pas dire deux fois ; les Italiens soulevèrent la lanterne, qui éclaira tout le vestibule ; mais les maraudeurs n'aperçurent que des filets de toute espèce amoncelés contre les murailles.

— Ce sont les filets de notre père nourricier, dit Taddeo ; il faut les respecter, nous en vivons.

— Voyez donc la calomnie ! répondit Geronimo : il y a cependant des gens qui disent que nous ne respectons rien ; ce sont des langues de vipères. Amis, ne touchez à rien ; vous savez que Bourbon ne plaisante pas sur le bien du prochain.

— Les femmes en sont-elles ? demanda Taddeo.

— L'ordonnance ne porte que sur les moissons, les meubles et les bestiaux ; vous voyez qu'elle ne s'applique pas aux femmes.

— Alors montons au premier étage, dit Taddeo ; tu vois bien qu'il n'y a rien à faire ici.

La bande suivit ce conseil et envahit la chambre que les deux femmes venaient de quitter.

— Oh! oh! s'écria Geronimo, la coque est restée, mais les papillons sont partis. Deux robes de princesse! Diable! si j'étais cardinal, je voudrais une dalmatique de ces étoffes-là. Mon cher, regarde-moi ce velours et dis-moi ce qu'il devait y avoir là-dessous! Oh! rien qu'à le toucher, le sang me monte à la gorge.

— Prenons toujours, dit Taddeo; la chose a une valeur.

— Et attention! voici deux escarcelles: de l'or! Ceci est à nous comme Marseille est au Connétable. Demain nous partagerons.

— Geronimo, ce lit n'est pas même défait. Nos dames n'ont fait que changer de robes et elles se sont esquivées. Touche le lit, il est uni et froid comme du marbre.

— En chasse, en chasse! cria Geronimo, nous les trouverons, quand même le diable s'en mêlerait. Et, à ces mots, ils s'élancèrent sur l'escalier.

Gabrielle et Claire n'avaient pas perdu un seul mot de cette horrible conversation. En entendant ces dernières paroles, elles ressentirent un effroi mortel, et leurs cheveux frissonnèrent à leurs racines. Mais il n'y avait pas de temps à perdre ; elles s'élancèrent vers l'angle où était la petite échelle de bois qui conduisait à la trappe du toit, montèrent l'échelle, soulevèrent la trappe, s'élancèrent sur la plateforme, tirèrent l'échelle après elles et laissèrent retomber la trappe. Le toit était entouré d'un petit parapet, à l'exception de la façade du midi, par laquelle, grace à une légère inclinaison des tuiles, se déversaient les eaux pluviales. Les deux femmes se serrèrent dans un angle.

Peu d'instans après, un grand fracas de voix qui éclata sous leurs pieds leur apprit que la bande était parvenue dans la chambre de l'échelle, et que leur sort se décidait en ce moment. Les deux nobles femmes se comprirent sans se parler, leurs lèvres se rapprochèrent dans un baiser d'adieu, et les bras entrelacés, les yeux aux ciel, elles s'avancèrent rapidement jusqu'au bord des tuiles saillantes qui se détachaient du toit. Les yeux fixés sur la trappe, elles s'attendaient à la voir se soulever à chaque instant, et dans ce cas extrême leur résolution était prise : elles se précipiteraient du toit sur les dalles du perron. Cette agonie fut longue : les tuiles craquaient sous leurs pieds, et plus d'une fois, par l'effet d'une convulsion nerveuse, les deux femmes se sentaient poussées vers le précipice par une invisible main. Ainsi suspendues, immobiles sur leur tombe, elles ressemblaient aux statues de la Pudeur et du Désespoir élevées sur les ruines d'une ville prise d'assaut.

Cependant peu à peu le bruit des voix inférieures s'éteignit, l'escalier fut ébranlé sous des pas lourds. Un rayon d'espoir passa sur le visage des deux femmes, dont les yeux se levèrent au ciel avec une expression de gratitude infinie; puis Gabrielle souleva la trappe avec précaution, et elle entendit distinctement les lamentations de la bande; elles furent suivies du cri de la porte qu'on refermait. Bientôt après, un pas léger froissa l'escalier, et l'on entendit une voix timide qui, avec un accent de désespoir croissant, appelait à travers toutes les cloisons : c'était la voix de Victor Vivaux.

La trappe se rouvrit, l'échelle fut replacée, Victor jeta un cri de joie et posa un pied sur le premier échelon.

— Nous sommes ici, Victor! dit tout bas Gabrielle.

— Alors venez, venez vite, répondit Victor; une minute de retard c'est la mort!

Les deux femmes descendirent l'escalier

avec une agilité merveilleuse ; mais, arrivées dans le vestibule, elles entendirent les soldats que l'on croyait déjà loin, qui causaient arrêtés sur le perron. Victor poussa les deux femmes sous les masses profondes des filets qui pendaient devant les murs, et s'y ensevelit avec elles, prêtant une oreille attentive à tout ce qui se passait, car un bruit mal interprété pouvait être la mort de tous trois.

— Eh bien ! capitaine, disait Forster, la visite a donc été inutile ?

— Hélas ! oui, répondit Geronimo.

— Vous avez cependant bien cherché partout ?

— Nous n'avons pas laissé une pierre sans la flairer ; et toi, tu n'as rien vu ?

— Rien.

— Descends, je te relève de garde.

— Merci, dit Forster en sautant lourdement à terre ; je n'en suis pas fâché, car le poste n'était pas bon.

— Que dis-tu là ?

— Je dis, capitaine, que quand vous vous amuserez à vous promener sur les toits, je vous prie de me mettre de garde autre part que sous la gouttière.

— Et pourquoi cela ?

— Parce que, quand il pleut des tuiles et qu'on n'a pas de parapluie, c'est malsain.

— Comment ! il t'est tombé une tuile sur la tête, dis-tu ?

— Une ? il m'en est tombé dix ; mais j'étais là, fidèle au poste ; le toit tout entier serait tombé que je n'aurais pas bougé.

— Mes amis, s'écria Geronimo, elles sont sur le toit ! Lansquenet, mon amour, si tu dis vrai, il y a dix pièces d'or pour toi.

— Au toit ! au toit ! crièrent tous les soldats.

— Allons, camarades, vous savez le chemin, s'écria Geronimo ; qui m'aime me suive.

Cornélius, Forster, venez, venez aussi, et flairez comme de bons chiens que vous êtes.

Et la bande, pleine d'un nouvel espoir, rentra dans le vestibule et s'élança dans l'escalier; on entendit s'éloigner alors jusqu'aux pas lourds des deux Allemands qui fermaient la marche.

Et maintenant, dit Victor Vivaux, il n'y a pas une minute à perdre; de la présence d'esprit, du courage, et nous sommes sauvés.

En même temps il sortit le premier de dessous le filet, et, prenant les deux femmes par la main, il se lança avec elles hors de la maison : toute la bande était sur le toit.

— Capitaine! capitaine! cria Forster, les voilà qui se sauvent. Tenez, tenez! là! là!.. Prenez garde..... *Der Teufel!*

Un grand cri, un cri terrible, un de ces cris de mort qui traversent l'espace quand une ame sent qu'elle va sortir violemment du corps, suivit ce juron. Les trois fugitifs s'arrêtèrent comme cloués à leur place. Ils virent une masse qui passait dans le vide, et ils entendirent le bruit d'un corps qui s'écrasait sur le pavé.

— C'est le capitaine! dit Vivaux d'une voix toute frissonnante d'horreur; il se sera approché trop près du bord, et le toit aura manqué sous ses pieds.

— Capitaine!.... Capitaine!...., crièrent plusieurs voix; mais rien ne répondit, pas même un cri, pas même une plainte.

— Il est mort, dit Vivaux : Dieu ait son ame; songeons à nous.

Et ayant repris les deux femmes, chacune par une main, il courut avec elles vers le bord de la mer.

Une barque était sur le rivage, les fugitifs s'en approchent; quoique le temps fût redevenu sombre, la mer était plus calme.

— Poussons cette barque à la mer, dit Victor; Dieu ne nous a pas sauvés si miraculeusement pour nous abandonner au dernier moment.

— Est-ce vous, M. Victor ? dit une voix qui sortait du bateau, tandis qu'une tête inquiète se soulevait et dépassait à peine le bordage de la barque.

— Nous sommes sauvés, dit Victor : c'est patron Bousquié.

— Et la mer ? demanda Gabrielle.

— Douce comme du lait, dit patron Bousquié; tout juste du vent ce qu'il faut pour ne pas faire du bruit avec les rames. Montez, montez.

— Montez, mesdames, montez, dit Victor.

Les deux femmes sautèrent dans le canot; patron Bousquié le poussa à la mer et s'élança derrière les fugitifs; Victor tenait déjà les rames.

— Pas de rames ! pas de rames ! dit patron Bousquié : les rames font du bruit ; la voile au vent, et Dieu nous garde ! Où faut-il aller, M. Victor ?

— Droit sur la chaîne du port, droit sur la tour Saint-Jean.

— Bien ! bien ! dit patron Bousquié, tenez-vous au gouvernail ; quand je dirai tribord, vous appuierez à gauche ; quand je dirai babord, vous appuierez à droite; entendez-vous ?

— Oui.

— Alors, en route.

Et comme si elle n'eût attendu que la permission de son maître, la chaloupe glissa doucement sur la mer. Patron Bousquié avait dit vrai : la brise était favorable ; la petite voile, noire comme les vagues et invisible dans les ténèbres, se gonflait à ravir. Au bout d'une demi-heure, la barque touchait le piton de la chaîne, et Victor se faisait reconnaître par le gardien de la batterie à fleur d'eau. En ce moment un silence solennel planait sur la ville assiégée ; les sentinelles seules veillaient sur le rempart, et devant les tentes les deux armées prenaient le repos, afin de réparer les fatigues de la veille et puiser dans le sommeil de nouvelles forces pour la bataille du lendemain.

IV

Le Connétable avait démasqué ses batteries : une grêle horizontale de boulets tombait, dans un continuel fracas de tonnerres, sur le boulevart du nord, c'est-à-dire sur l'emplacement où l'on voit aujourd'hui les maisons adossées au quartier Sainte-Claire et les savoneries de MM. Payen et Lombardon. Ce feu terrible pulvérisait la pierre de ces remparts, qui n'avaient pas été bâtis en prévision de l'artillerie ; les sauvages acclamations des Italiens et des Espagnols postés sur les hauteurs du Lazaret accompagnaient les décharges et faisaient présager une victoire prochaine et l'épouvantable exécution d'une ville prise d'assaut par vingt mille bourreaux sans pitié, contempteurs des hommes et de Dieu.

Déjà les hautes corniches du rempart avaient été emportées en poussière avec la fumée des canons qui les défendaient. Les boulets du Connétable ricochaient dans la ville haute et ruisselaient, comme un torrent de fer, jusques aux grottes du port. A chaque instant les Marseillais de l'intérieur s'attendaient à voir arriver l'ennemi à la suite de ses boulets. Le nuage des batailles roulait sur les toits et ombrageait la ville comme une tente funèbre. Des groupes de citoyens parcouraient les rues en appelant aux remparts les plus timides; le glas du tocsin descendait de tous les clochers, comme si Marseille préparait ses funérailles. Dominant ce fracas d'agonie, de deuil, de combats, cette voix suprême faite de toutes les voix, la coulevrine de Sainte-Paule annonçait aux habitans que la tour inébranlable luttait encore et rendait deuil pour deuil. La noble tour s'élevait comme un géant protecteur de la cité, faisant pleuvoir, comme Dieu, son tonnerre du haut des nues, dans une atmosphère d'éclairs. Rien ne pouvait entamer sa base de roc vif, large, évasée, anguleuse comme un écueil qui brave les folles tempêtes de l'Océan. Quelquefois les Italiens et les Espagnols, étonnés de voir tomber la foudre sur leurs têtes, dans les ténèbres de la fumée, croyaient que le ciel leur envoyait ses tonnerres en punition de tant de crimes commis par eux au delà des monts, et leur redoutable bravoure avait des accès de terreur. Dans la ville, on s'attendait à voir apparaître soudainement, ainsi qu'on le disait, une armée souterraine conduite par des mineurs, et les places publiques étaient remplies de vieillards, d'enfans, de femmes qui tâchaient de distinguer, et qui croyaient entendre sous leurs pieds les coups sourds de la mine tout près de faire éruption comme un volcan d'ennemis. Les églises se remplissaient de femmes ; les toits des maisons de la ville haute étaient couverts d'une multitude de curieux que le service urbain n'avait pas réclamés et qui assistaient à cette terrible journée, comme à un spectacle. A midi, au coup de l'*Angelus*, toute la population s'agenouilla, et l'on vit sur les créneaux de l'abbaye Saint-Victor le vénérable évêque Cyprien qui donnait la bénédiction du Saint-Sacrement à la ville. Les soldats italiens et espagnols se précipitèrent sur la poussière au pied des tours de l'abbaye et reçurent la bénédiction épiscopale ; puis ils se relevèrent et continuèrent leurs décharges de mousqueterie contre la tour de Saint-Jean.

L'ingénieur Miradel vint en personne sur le boulevart du nord pour apprécier par lui-même les ravages que la batterie de tranchée avait causés sur ce point. Ils étaient peu considérables, mais, à travers les éclaircies de la fumée, Miradel distingua les progrès du chemin couvert qui s'avançait avec des sinuosités menaçantes et devait parvenir à trois cents pas du glacis après quelques nuits de travaux. Les ingénieurs impériaux avaient coupé une forêt de pins sur les hauteurs du Bas-Cannet, et ils protégeaient leur ligne avec des remparts de gabions, remplis du sable de la mer. Miradel communiqua ses craintes aux chefs de l'artillerie, Jean de Caux et Vivaux, qui montèrent à la butte des Moulins pour détruire les ouvrages de l'ennemi. Bientôt nos deux batteries superposées, celle des remparts et celle des Grands-Carmes, recommencèrent un feu terrible et mirent en poussière quelques maisons voisines du faubourg, à l'abri desquelles les impériaux cachaient leurs opérations. Le terrain étant éclairci de ce côté, il fut aisé de voir, en avant de la première ligne de tranchée, d'autres lignes encore muettes et qui n'attendaient qu'un autre soleil pour démasquer leurs canons. Aussi, selon le sage avis de Miradel, notre batterie du rempart dirigea ses coups contre les ouvrages les plus avancés, tandis que la batterie des Carmes tirait pour éteindre les canons de la tranchée ouverte à Malaval. Ces feux, adroitement combinés, causèrent d'effrayans ravages dans les bataillons et les travaux du Connétable. L'artillerie marseillaise était servie par des chasseurs du pays, renommés pour la justesse de leur coup d'œil et qui s'étaient improvisés canonniers aux heures du péril. Chacun de leurs coups portait, chaque boulet allait à son adresse : c'était un jeu pour ces intrépides braconniers des marécages et de la Crau, dont l'adresse infaillible indiquait et touchait le but au même instant. Il y avait sous une tente impériale, pavoisée de flammes d'or, un pauvre prêtre de village qui avait été forcé, la dague au poing, de dire la messe à ces damnés; le marquis de Pescaire était entré dans cette chapelle nomade, non par dévotion, mais pour s'abriter du soleil à midi : il vit tomber le prêtre et deux assistans, il vit trembler la tente, et il sortit, secouant la tête et menaçant du poing la ville assiégée qui venait de lancer un boulet si bien conduit aux tentes domestiques de Bourbon. Cela fit grande rumeur sur la grève d'Arenc. Le Connétable accourut de la tranchée et interrogea Pescaire sur la cause de ce tumulte. Pescaire, qui déjà au début du siége n'augurait pas trop bien du succès, mit un boulet sur un plateau et le présentant au Connétable : — Ce n'est rien, dit-il, rien, monseigneur ; ce sont les bourgeois marseillais qui viennent de vous apporter sur ce plateau les clés de leur ville. Bourbon, qui feignait souvent de sourire aux insolences de cet homme parce qu'il avait besoin de lui, garda cette fois sur son visage une gravité menaçante dont Pescaire n'eut pas l'air de s'apercevoir, car il ajouta : — Il pleut des clés aujourd'hui. Et il désignait par un geste arrondi la dévastation de leurs travaux produite par l'artillerie des Marseillais.

En ce moment, la milice urbaine était passée en revue par le vice-roi sur l'esplanade de la Tourette. La circonstance donnait à cette revue une solennité imposante. M. de Brion marchait dans les rangs, accompagné du viguier Antoine de Glandevez et des consuls Pierre Vento, Mathieu Lause et Pierre Comte. La milice urbaine se composait de quatre bataillons, chacun de deux mille cinq cents hommes, et portant une bannière à l'effigie d'un saint guerrier. Saint Victor, saint Maurice, saint Georges, saint Ferréol, étaient les patrons de cette généreuse armée de citoyens ; leurs bannières furent bénies sur le parvis de la Major par l'évêque de Marseille et remises aux mains des quatre capitaines Charles de Monteoux, Cosme Arnaud, Blanc et Julien Beissan. A l'issue de cette cérémonie, la compagnie Saint-Victor reçut ordre de se rendre à la herse de la Joliette : elle allait recevoir le même jour son baptême du feu.

Deux mille soldats, commandés par Rance de Cères, étaient alignés derrière le haut épaulement qui s'étendait de la porte Joliette à la tour Sainte-Paule. L'artillerie du rempart éteignit son feu ; la seule batterie supérieure des Carmes continua ses décharges encore quelques instans. M. de Brion fit lever la herse et tomber le pont-levis, aux cris de : vive le roi! Soldats et citoyens s'élancèrent sur le glacis et de là sur le chemin d'Aix, dans la direction de la tranchée des impériaux, qu'ils attaquèrent par le flanc de leurs canons. La furie de cet élan déconcerta l'ennemi. Les Marseillais engagèrent dans la tranchée un combat acharné qui faillit être décisif; ils détruisirent tous les travaux, brisèrent les affûts, comblèrent les fossés de circonvallation, arrachèrent les chevaux de frise, accompagnant tous ces actes de cris terribles, d'imprécations, d'injures stridentes; on aurait dit que leur formidable vent du nord s'était personnifié dans leurs bataillons, et qu'il passait avec son haleine dévorante sur le camp des impériaux. C'est qu'il y avait là, dans les nôtres, de robustes travailleurs du port, bronzés par le soleil sur les palissades du midi ; des ouvriers d'une force herculéenne, habitués aux luttes antiques dans les fêtes de nos villages ; des marins aux épaules de géans, des pêcheurs exercés à se battre à coups de rame contre la mer et le mistral. Ces hommes de fer jetèrent en bandoulière leurs mousquets sur les épaules, et, remplis d'un dédain sublime pour ces Allemands stupides qui venaient assiéger leur ville sainte, ils les renversaient par files, les écrasaient sous leurs pieds, les ensevelissaient sous le sable de leurs gabions, et avec des éclats de colère qui supprimaient toute résistance et donnaient une terreur toute nouvelle que les champs de bataille ne connaissaient pas avant ce jour. Le connétable de Bourbon n'assista que de loin à cette scène ; il eût été dévoré dans cet ouragan marseillais.

Pescaire avait arboré sur les hauteurs du

Cannet la flamme noire, si bien connue au delà des monts quand le péril était au camp impérial. Italiens et Espagnols, troupes lestes et guerrières, aperçurent le signal de bon secours et quittèrent leurs stations du chemin d'Aubagne et de Saint-Victor. Ils s'élancèrent avec des bonds de tigres dans les jardins et la campagne qui s'étendaient alors de notre cours Saint-Louis à Saint-Lazare.

Rance de Cères, heureux d'avoir pleinement rempli le but d'une sortie ordonnée pour dévaster les travaux des assiégeans, fit sonner au même instant la retraite, car il s'aperçut bien, au nuage de poussière élevé entre Arenc et la ville, que des troupes supérieures en nombre approchaient et qu'il était pris entre deux feux. Les Marseillais, serrés en bon ordre comme une phalange macédonienne, selon les traditions encore en usage à cette époque, passèrent à travers les bandes ennemies sans être entamés. Ils rapportaient en triomphe les cadavres de leurs amis tués dans la tranchée, ne voulant pas abandonner leur sépulture à des mains étrangères et leur réservant un glorieux tombeau dans la noble cité pour l'honneur de laquelle ils étaient morts. Les mêches allumées sur les batteries du rempart du nord, la gueule de la coulevrine tournée sur le glacis à l'embrasure de son bastion, les lignes des arquebuses hérissant la corniche de la muraille, protégeaient dans un silence menaçant la fière retraite des Marseillais. L'ennemi ne les poursuivit pas jusqu'à la herse de la Joliette, de peur d'allumer contre lui à son retour ces feux croisés tout près d'éclater sur la campagne dès que le pont-levis se serait levé derrière nos soldats. Cette sortie eut encore un effet moral qui servait la fortune de Marseille; elle venait de révéler au Connétable l'audace et l'énergie des

Provençaux. Le Connétable commençait à douter du succès ; Pescaire n'avait jamais douté de la défaite.

Au reste, les Marseillais avaient bien compris leur position : ils savaient à quels ennemis ils avaient à rendre compte d'une résistance irritante ; elles ne leur étaient que trop bien connues, ces bandes impitoyables de luthériens naissans et de catholiques sacriléges ; et nous aujourd'hui, qui avons lu l'histoire de cette armée de Sarrasins baptisés, nous frémissons, après trois siècles, des périls de nos aïeux et de nos aïeules ; eux savaient déjà par inspiration ce que Brantôme nous a légué sur le naturel de leurs ennemis.

Voici donc, d'après cet illustre historien contemporain, quelle fut l'armée impie qui assiégeait Marseille en ce temps. Remarquons en passant que Brantôme estimait le connétable de Bourbon, et qu'il a même été très partial en faveur de son héros favori :

« Estant venu M. de Bourbon au dessus de Belveder de Rome, le cinquiesmes de may 1527, le soir, en plaçant son camp, visitant ses gardes, et ordonnant ses troupes pour le lendemain à l'assault, il les harangua encor pour la seconde fois et la dernière, aussi disant: « Mes capitaines, qui tous estes de grand « valeur et courage, et vous mes soldats très « bien aymez de moy, puisque la grand advanture de nostre sort nous a menez et conduits icy au poinct et au lieu que nous avons « tant désiré; après avoir passé tant de meschans chemins, avec neiges et froids si « grands au beau mitan de l'hyver avec pluyes « et boües, et rencontres d'ennemis, avec faim « et soif, sans aucun sol, bref, avec toutes « les nécessitez du monde, à ceste heure il est « temps de monstrer, en ceste noble et riche « entreprise, le courage, la vertu et les forces « de vos corps. Ou vous avez à ceste heure

« d'estre perdus pour jamais si vous estes « vaincus, ou ennoblis, honorez et riches « pour jamais aussi, si vous sortez de ce com« bat les vainqueurs : toute l'espérance de « nostre bien, honneur et gloire, consiste en « ceste victoire; car il n'y a pas un de nos « ennemys, encores les nations estrangères, « qui ne tremblent à ouyr vos noms, et qui « ne demeurent estonnés de peur, et ne s'es« pouvantent du nom de notre camp victo« rieux. Nous autres en attaquant les murs de « Rome, l'ennemy tournera les espaules de « peur; et n'y aura capitaine, tant brave « soit-il, qui les ose tourner pour se défendre. « Si vous avez jamais desiré saccager une ville « pour richesses et trésors, ceste-cy en est « une, et la plus riche, voire la dame de tout « le monde. Si ceste fois vous obtenez la vic« toire, vous demeurerez riches seigneurs, « et très heureux : sinon vous serez tout le

« contraire. Mes freres, je trouve certaine-
« ment que là est cette ville qu'au temps passé
« pronostiqua un sage astrologue de moy, me
« disant qu'infailliblement à la prise d'une
« ville mon fier ascendant me menaçait que
« j'y devais mourir: mais je vous jure que
« s'en est le moindre de mes soucys ; et m'en
« soucye peu d'y mourir, si, en mourant,
« mon corps demeure avec une perpétuelle
« gloire et renommée par tout le monde. »
Belles parolles, certes, et prononcées d'un grand courage, et mesmes la fin et la resolution de celui qui les prononçoit : aussi advint-il ainsi comme il les dit et le voulut. Apres, il commanda qu'on se retirast, qui au repos, qui à la garde, et qu'un chacun fust prest à l'assaut de bon matin.

« Apres que les estoilles se furent obscurcyes pour plus grand resplendeur du soleil, et aussi des armes reluisantes des soldats qui s'aprestoient pour aller à l'assault, gentils mots que voyla ; luy, apres avoir ordonné de son assault, estant vestu tout de blanc pour se faire mieux cognoistre et apparoistre (ce qui n'estoit pas signe d'un coüard), les armes en la main marche le premier, et proche de la muraille ayant monté deux eschellons de son eschelle, ainsi qu'il l'avait dict le soir, ainsy luy advint-il que l'envieuse fortune, ou, pour mieux dire, traistresse, fit qu'une arquebuzade luy donna droict au costé gauche, et le blessa mortellement. *Aunque*, dit l'Espaignol, *le quito el ser, pero un solo punto no le pudo quitar la magnanimidad y vigor, en tanto que el cuerpo tenio sentimiento ;* c'est-à-dire : « Et encor qu'elle luy osta l'estre et la vie, « toutesfois d'un seul poinct elle ne luy peut « oster sa magnanimité et vigueur, tant que « son corps eut de sentiment. » Ainsi qu'il le monstra bien par sa propre bouche : car, estant tombé du coup, il dit à aucuns de ses plus fidèles amis qui estoient tout auprès de luy, et surtout au capitaine Gogna gascon, *su gran familiar* [1] (je pense que c'estait le capitaine Jonas, mais l'Espaignol l'appelle Gogna gascon; du despuis ce Jonas eut la teste tranchée à Paris, ce Gogna fut pris au combat de Philipin Doria, devant Naples, avec le marquis del Gouast), qu'ils le couvrissent d'un manteau et l'ostassent de là, affin que sa mort ne fust occasion aux autres de laisser l'entreprise si bien encommancée. Et ainsi qu'il tenoit ces parolles avecques un brave cœur, comme s'il n'eust eu aucun mal, il donna fin, comme mortel, à ses derniers jours.

« J'ai ouy dire à Rome qu'on tenoit que celuy qui tira ceste malheureuse arquebuzade,

(1) C'est-à-dire son grand ami.

estait prestre, tout ainsy que celuy qui, dans Saint-Dizier, tua ce brave prince d'Orange (1). La vieille chanson de ces advanturiers d'alors disoit pourtant ainsy :

Quand le bon prince d'Orange
Vit Bourbon qui estoit mort,
Criant, sainct Nicolas
Il est mort, saincte Barbe!
Jamais plus ne dit mot,
A Dieu rendit son ame.
Sonnez, sonnez, trompettes,
Sonnez tous à l'assaut;
Approchez vos engins,
Abbattez ces murailles:
Tous les biens des Romains
Je vous donne au pillage.

Voylà ce qu'on chantoit pour lors: car ces bons advanturiers ne visoient en ce temps-là tant à la rithme comme au sens.

(1) René de Nassau et de Chalon.

« Or, tout ainsy que M. de Bourbon avoit recommandé de couvrir et cacher son corps, ses gens le firent; si bien que l'escallade et l'assaut se poursuivit si furieusement, que la ville, apres avoir un peu resisté, fust emportée : et les soldats, ayant desjà ouy le vent de sa mort, en combattirent plus endiablement pour vanger sa mort, laquelle certes le fust très-bien, car on se mit à crier : *Carne, carne; sangre, sangre; sierra, sierra, Bourbon, Bourbon* (1)!

« Le premier qui monta à la muraille (ce conte ne doibt point estre teu) fut un enseigne espaignol, brave et vaillant (il le monstra bien), lequel se nommoit Joüan d'Avalos; et estant ainsy monté, luy fut tiré une arquebuzade qui luy rompit et cassa tout l'os du bras : si bien qu'il fust contraint de s'envelopper de

(1) C'est-à-dire : Au carnage; au sang; à la scie, Bourbon !

l'autre bras du taffetas de l'enseigne. Et, se tournant dernier soy, il vist un capitaine de gens d'armes qui s'appelloit Cuaco, brave et vaillant soldat, auquel il dit : « Mon capitaine, « je vous recommande mon honneur, car je « suis mort ; » et en disant cela il luy donna son enseigne, et dans peu il mourut. Ce capitaine Cuaco la prit aussi tost ; mais fut chargé d'une trouppe de François qui survindrent, qui estaient dans la ville (car il y en avoit et dedans et dehors), qui firent bravement teste et le repousserent, où il fut fort blessé ; si bien qu'il tomba et perdit son enseigne. Estant un peu revenu à soy, il se releva ; et, abordant un alfier qui avait une enseigne noire avecques une croix blanche, en despit de tous luy osta son enseigne ; et passant plus outre, en combattant comme un lion, avec ce bon succez, se mit à crier : *Victoria, victoria ! imperio, imperio !* et les austres apres ; si bien que la ville fut prise. Le capitaine Cuaco, sur ce, rencontre le capitaine de l'enseigne à lui recommandée, auquel il fit entendre la mort et la blessure et les paroles de son alfier, et la recommandation de son enseigne ; que l'ayant perdue, et tombé quasi mort pour avoir esté blessé, qu'il en avoit recouvert une autre après estre revenu à soy, et qu'il luy en faisoit present pour l'autre, et que s'il luy pouvoit satisfaire mieux, qu'il lui commandast, que volontiers il le feroit. Enquoy le capitaine fust tres content, et se sentit très honnoré et l'en remercia et luy offrit tout service. Oh! grande vertu et valeur de capitaines! jamais ils ne se pourroient assez exalter, ny leur curiosité à conserver leurs drapeaux. Voylà pourquoy qui les a en garde les doibt conserver comme la vie.

« La muraille et les ramparts gaignez, les Romains commencerent à fuyr, et sauve qui peut. Les imperiaux poursuivent leur victoire de telle furie, qu'on disoit que tous les diables estoient là tous assemblez, comme disent les Espaignols en leur langue; car les arquebuzades, les crys des combattans, les plaintes des blessez et mourans, le battement des armes, le son des trompettes, la rumeur des tambours, qui animoient d'autant plus les soldats au combat, et les coups de piques, faisoient un tel bruit, qu'on n'eust ouy tonner le ciel quand il eust tonné. Et poursuivirent si prestement les vainqueurs leur victoire, qu'à grand peine ceux de dedans eurent loisir d'abattre les chaisnes du chasteau : si bien que le cardinal Armelin [1] y cuida laisser le chappeau, sans un de ses amis qui le haussa avec une corde bas en hault. Le cardinal de Santiquatre en se sauvant dans le chasteau à course

(1) Camerlingue, apparemment.

de cheval, son cheval vint à tumber, ou bien luy, qui ne se tenoit pas bien possible; fut traisné, un pied dedans l'estrieu jusques à la porte du chasteau par son cheval, qui le traisna et mena jusques là à la bonne et malheure; car je pense que son corps en demeura bien mutilé; et par ainsi se sauva, ayant passé un autre grand danger. Ce cheval fut encor bon et sage, d'avoir ainsy sauvé son maistre si disgracieusement. Le grand camerier du Pape y fut là tué.

« Le prince d'Orange y acquit un très grand honneur; car, n'estant secondé des grands ses compagnons, estant M. de Bourbon mort (M. le marquis del Gouast demeuré malade d'une grosse fiebvre quarte à Ferrare, et puis porté à Naples), il vint au Ponte-Sixte, où ayant trouvé Juannin, Anthonio et Valerio Ursins, braves et vaillans seigneurs, et Hieronimo Mathei, qui s'estoient r'aliez là avec deux cents bons hommes, pour rendre quelque combat et tenir le passage, d'un costé et d'autre il fut très valeureusement combattu. Toutesfois, à la fin, le prince leur fit une charge si furieuse, que les Romains furent contraincts de s'enfuyr, les uns qui çà, les autres qui là, maudissant l'heure que jamais le Pape avait consenty à Charles de Launoy.

« Or, Rome vaincue, et du tout en la puissance des Espaignols et lansquenets, qu'on ne parloit plus de rendre combat, les gallans bien ayses se mirent à desrober, tuer et violer femmes, sans tenir aucun respect, ny à l'aage ny à dignité, ny à hommes ny à femmes, ny sans espargner les sainctes reliques des temples, ny les vierges, les moniales : jusques là que leur cruauté ne s'estendit pas seulement sur les personnes, mais sur les marbres et antiques statuës. Les lansquenets, qui nouvellement estoient imbus de la nouvelle religion, et les Espaignolz encor aussi bien que les autres, s'habilloient en cardinaux et evesques en leurs habits pontificaux, et se pourmenoient ainsy parmi la ville. Au lieu d'estaffiers, faisoient marcher ainsy ces pauvres ecclésiastiques à costé ou au devant en habitz de lacquais: les uns les assommoient de coups, les autres se contentoient de leur donner *dronos*, les autres se mocquoient d'eux et en tiroient des risées en les habillant en bouffons et matassins; les uns leur levoient les queuës de leurs chappes, en faisant leurs processions par la ville et disant les litanies: bref, ce fut un vilain scandale.

« Les huguenots en ces guerres en ont bien faict autant, et mesmes à la prise de Cahors, au moyen d'un pétard; car, tant qu'y dura leur séjour, tous les matins et soirs, les palafreniers qui alloient abrever leurs chevaux, s'habilloient des chappes des eglises qu'ils avoient prises, et, montez sur leurs chevaux, alloient à l'abrevoir, et en tournoient ainsy vestus, en chantant aussi les litanies; et un qui avoit trouvé une mytre de l'evesque alloit dernier, faisant l'office de l'evesque.

« Il se trouva à ce sac de Rome tel evesque qui paia rançon trois ou quatre fois; après qu'ils avoient payez à l'un, il falloit payer à l'autre. Quand il avoit passé par les mains du lansquenet, il falloit parler à l'Espaignol et au François, et de pres: ils les gesnoient si fort et les tourmentoient tant, qu'il falloit, quoy qu'il fust, trouver de l'argent; autrement, leurs pauvres testicules estoient coupez, dont aucuns en mouroient, les autres eschappoient. Ils ne pardonnerent ny aux cardinaulx ny aux evesques de leur nation ny ambassadeurs, et furent aussi bien saccagez que les autres. Et quand ils leur pensoient remonstrer que l'Empereur ne le trouveroit pas bon, c'estoit alors qu'ils faisoient pis. « Vous êtes de beaux prescheurs, de beaux « harangueurs et de beaux remonstreurs, « leur disoient-ils : *Da mi dineros, y no consejo*, « c'est à dire : « Donnez moy de l'argent et « non du conseil ; » et se mocquoient d'eux, de sorte que les pauvres gens demeuroient coys. Ce ne fut pas tout; ils ne se contentoient pas d'avoir pris, pillé et saccagé jusques à la terre, il fallut que les cardinaulx, evesques, ambassadeurs et marchandz, donnassent encore de l'argent pour la paye des soldats. Quelle insassiété !

« Quant aux dames, il ne fault demander comment elles furent traictées. »

IV

La famille de Laval demeurait à la place de Lenche, sur le terrain de la maison occupée de nos jours par une honorable famille de capitaines de la marine marchande, la famille Garcin. On aime à voir cette charmante résidence : la façade est tapissée de pampres de vigne, et le balcon a une physionomie riante; c'est comme un joli kiosque abrité du soleil par un voile vert.

Dans la nuit qui suivit l'expédition des Marseillais à la tranchée du Connétable, nuit de silence, car nous avions éteint les batteries des impériaux, on entendait, à la place de Lenche, le dernier refrain d'une sérénade (*Diou vous doune lou bouen souar*) dont les cadences mélancoliques expiraient sur les tambourins. A la croisée du balcon de pierre, deux têtes de femmes se montraient par intervalles et disparaissaient en laissant sur le rideau leurs silhouettes mobiles dont un jeune homme de la sérénade suivait tous les gracieux mouvemens.

Ce jeune homme se retourna vivement, comme s'il eût été attaqué à l'improviste par un ennemi ; il venait de recevoir sur l'épaule un coup largement appliqué, sorte de salutation amicale inventée par nos Marseillais de la campagne. Le donneur de sérénade était Victor Vivaux ; celui qui le saluait si énergiquement était Pierre Méry, le berger de la colline des Myrthes.

— Ah! c'est toi, Pierre! dit Victor, en passant sa main droite sur son épaule gauche comme pour la raffermir ; je t'avais reconnu à tes ongles de fer.

Pierre croisa les bras sur sa poitrine et fit un sourire d'Egipan ; puis il désigna du doigt la maison voisine et dit : — C'est là que demeurent les Laval?

— Oui, répondit Victor avec une émotion d'inquiétude ; tu veux parler à M. de Laval?

— J'ai une lettre, mais je ne veux pas entrer dans cette belle maison de nobles avec mes souliers ferrés ; vous, qui parlez comme eux, entrez et dites à M. de Laval que je l'attends ici, sauf le respect que je lui dois.

— Ah! ça! mon ami Pierre, tu donnes des ordres à M. de Laval!

— Pourquoi pas? Est-ce qu'un pâtre ne

vaut pas un noble quand le noble a besoin du pâtre ? Ne perdons pas du temps, je vous dis : allez ; nous ferons les fiers demain.

Les joueurs de tambourins, leurs instrumens sur l'épaule, descendaient vers le Banc-Long en sifflant le dernier air de la sérénade ; la foule des curieux s'était retirée. Victor Vivaux entra dans la maison des Laval, et Pierre le berger s'assit sur un *bancaou* de la place, les coudes sur les genoux et le menton sur les mains.

M. de Laval descendit bientôt avec Victor sur la place, et Pierre se leva nonchalamment et le salua en effleurant de la main le bord de son large chapeau rond.

— Tu as une lettre pour moi ? dit M. de Laval.

Le berger ôta un de ses souliers et en retira une lettre qu'il remit à M. de Laval.

Le domestique, qui portait une torche de

résine, s'approcha du groupe sur un signe de son maître, et M. de Laval parut vivement ému en reconnaissant l'écriture à la clarté soudaine qui ralluma le jour.

— C'est de ma sœur l'abbesse! dit-il... Et s'adressant à Pierre, il ajouta : Qui t'a remis cette lettre ?

— Bistagno ! dit le pâtre du ton d'un homme qui croit que tout le monde connaît les personnes qu'il connaît.

— Qu'est-ce que c'est que Bistagno ? dit M. de Laval, en prononçant ce nom avec l'accent pur d'un noble Français de Paris.

— C'est le berger de Gêmes [1], dit Pierre, fort étonné que Bistagno ne fût pas connu de M. de Laval.

M. de Laval haussa les épaules et jeta sur le pâtre un regard de pitié ; puis il ouvrit la

(1) Ancien nom de Gémenos.

lettre et la lut rapidement. Quoique le gentilhomme fit de secrets efforts pour donner aux lignes de sa figure un calme d'habitude, on s'apercevait pourtant que cette lettre renfermait une triste nouvelle. Madame et mademoiselle de Laval, qui reçurent un peu plus tard la même communication, s'agitèrent vivement dans l'intérieur de la maison, et les voisins remarquèrent que ces deux dames faisaient des préparatifs de départ, ce qui ouvrit le champ aux conjectures. Cependant M. de Laval, après avoir ordonné au pâtre de l'attendre sur la place, se rendit chez M. de Brion et s'entretint une heure avec lui; en sortant de chez le vice-roi, il tenait un parchemin et marchait rapidement dans la direction de la tour Saint-Jean, où il devait rencontrer M. de Beauregard.

A minuit, une chaloupe sortait furtivement du port et cinglait vers les anses de Séon. La flotte de Lafayette était à l'ancre devant le Château-d'If. Il y avait à bord de cette chaloupe M. de Laval, sa femme et sa nièce, deux amazones déjà aguerries contre les terreurs de la nuit, Victor Vivaux et Lazare Altovitis. Aidés de la rame et de la voile, ils débarquèrent dans la jolie caranque où s'élèvent aujourd'hui l'usine de M. Rozan et la bastide de M. Edouard Fabre. — Attendons les autres ici, dit M. de Laval; la même chaloupe ira les prendre à la tour.

Il fallait attendre une heure le retour de l'embarcation, et l'on se mit à deviser tranquillement comme dans des jours ordinaires. Il paraît, dit le jeune Altovitis, que de tout temps cette terrasse où nous sommes est destinée à voir passer de mystérieuses expéditions. Voulez-vous m'écouter quelques instans, je vais vous conter une histoire fort courte et qui doublera notre courage, car elle nous rappelle les hauts faits d'armes de nos aïeux marseillais.

— C'est un singulier moment pour faire des histoires, dit M. de Laval.

— Contez toujours, dit Gabrielle.

— Je vous obéis, dit Altovitis : C'était le 12 juin 1248, sous le règne de Louis IX et le pontificat de Clément IV; il y avait, là, sur ce rivage, le château des comtes de Vallamar : l'exposition était magnifique, comme vous voyez; ces deux grands massifs de pins existaient et encadraient le château de Vallamar; là, vis-à-vis, sur cette terrasse, s'élevait une tour qui servait de belvéder et qui tombait à pic sur la mer. Sous nos pieds, par cette belle soirée de juin 1248, une galère était à l'ancre et elle arborait à sa poupe une grande bannière ornée du signe de la croix; elle devait partir le lendemain avant l'aube et rejoindre à Malte la flotte de saint Louis qui allait en

Palestine. Cette terrasse où nous sommes était remplie de vassaux, de pages et de chevaliers croisés, qui s'essayaient au maniement de la lance, de l'épée et du poignard.

Le comte de Vallamar avait auprès de lui trois chevaliers croisés qui depuis ont acquis en Palestine des noms glorieux : c'était le comte de Saint-Couronne, dont le château s'élevait au bout de ce cap qui porte ce nom; ce noble seigneur portait sur ses armes la couronne d'épines du Sauveur ; c'était le vicomte de Calvimont (du Mont-Calvaire), aujourd'hui de Caumont, dont on peut voir d'ici les domaines sur le golfe de Carry ; c'était le marquis de Sion, dont le nom a dégénéré de nos jours en Séon, tant les plus belles dénominations se dénaturent en traversant les siècles. Ce qui vous prouve que ce golfe était bordé de manoirs dont les pieux possesseurs s'illustrèrent aux croisades. A minuit, cette vaillante troupe descendit cet escalier gigantesque dont vous ne voyez plus que les larges ruines, et s'embarqua dans la galère du comte de Vallamar. Le clergé de la chapelle de Notre-Dame-de-la-Mer dont vous voyez d'ici le clocher dévasté par dessus les pins, chantait le *Vexilla regis*, et toutes les nobles dames, sœurs, femmes et filles des guerriers pélerins pleuraient et priaient sous cette treille de mûriers séculaires qui nous prête son ombre aujourd'hui.

Le comte de Vallamar s'embarqua le dernier. — Mon fils, dit-il à un jeune homme de dix-sept ans qui sanglotait, mon cher fils Wilfrid, vous êtes trop jeune pour nous suivre; remontez à Vallamar avec votre précepteur et consolez votre mère. Adieu; soyez bon, loyal et soumis; je vous donne ma bénédiction.

Le précepteur avait reçu ses instructions;

il entraîna Wilfrid, qui rugissait comme un jeune lion et tordait ses longs cheveux de désespoir.

— Et moi, je vous dis que j'irai à la croisade ! criait Wilfrid en se mutinant.

— Vous resterez à Vallamar, dit gravement le professeur. La volonté de votre père sera faite ; entendez-vous ?

— J'irai à la croisade !... Tous ces vieux-là vont s'amuser : ils vont tuer des Turcs, ils vont manger des dattes fraîches, ils vont voir des lions en plein champ ; et moi, je resterai ici à m'ennuyer avec des béguines !...

— M. Wilfrid ! s'écria le professeur indigné, vous n'irez pas à la croisade ; vous êtes un enfant.....

A ce mot il reçut un violent coup de poing dans la poitrine. Quatre robustes vassaux, appelés sur-le-champ, saisirent Wilfrid et l'enfermèrent à triple cadenas dans la tour qui était bâtie là, de l'autre côté du puits.

Wilfrid, enfermé, se mit en devoir de démolir la tour. L'enfant luttait en vain contre de bonnes pierres d'Arles dont voici encore un échantillon ; regardez, c'est mon siége, et je vous affirme qu'il est fort dur. Donc les pierres ne se laissant pas démolir, Wilfrid ouvrit une croisée et à la clarté des étoiles il vit la mer à ses pieds qui se gonflait à la brise de l'aube. A dix-sept ans il n'y a pas de hauteur ; Wilfrid sauta lestement dans la mer ; en quatre bonds il atteignit la galère et se glissa furtivement dans les masses confuses des matelots et des chevaliers. Personne ne le remarqua.

Avant l'aube, il ramassa dans l'entrepont toutes les pièces éparses de l'équipement d'un chevalier ; il se couvrit le front et le visage d'un casque et d'une visière, et il écrivit avec de la craie, sur la visière, *Votum*, afin de prévenir toute demande indiscrète et de pouvoir rester impunément inconnu. En passant à côté de son père, il l'entendit qui disait : Enfin, je me suis débarrassé de mon sarrazin de fils!

On arrive en Palestine, on se bat, on fait des merveilles, on gagne des éperons, on charge ses écus de pièces honorables, on reçoit des indulgences, on fait une vie de roi. Ah! c'était le bon temps, mesdames, ne riez pas; un chevalier croisé se croyait le premier valet de chambre de Dieu, et il n'aurait pas donné sa croix pour une mine d'or. Wilfrid, grace à sa visière, a gardé l'incognito; il est enrôlé dans les gendarmes du roi Louis IX et il se bat comme un écolier se serait battu contre les Turcs de carton; il ne met péril à rien; il rêve de prendre Jérusalem tout seul et de rebâtir le temple de Salomon. Voici enfin la bataille de Massourah, une grande journée, ma foi! Tout l'Orient à cheval, tout l'Orient bardé de fer, hérissé de damas, tout l'Orient l'écume aux lèvres, la dague au poing, la flamme aux yeux, la barbe ensanglantée, se rue sur les chrétiens pour couper la tête à la croisade d'un seul coup. Le roi Louis IX est pressé par une ceinture étouffante de géans sarrasins; il les assomme dix à dix avec sa masse d'armes; il les broie, les foule, les aplatit, les couvre de sable, les tue, les retue, les jette par quartiers, par lambeaux à toutes les aires de vent; la furie de la France est entrée dans la poitrine du roi; le roi est une armée française en personne qui anéantit tout ce qui passe devant avec un masque sarrasin. Tout-à-coup un cri d'épouvante retentit parmi les chevaliers chrétiens : le cheval du roi s'est abattu percé de cent coups de lance, et la masse d'armes de Louis IX s'est brisée en éclats sur un casque d'airain aigu et trempé comme celui d'Attila. Un chevalier, agile comme le vent, se jette devant le roi, le place sur un cheval vigoureux et combat vaillamment à pied pour donner à Louis tout le loisir de s'équiper, de s'armer, de rentrer dans la mêlée aussi formidable qu'auparavant. Celui qui vient de rendre cet éclatant service roule dans la poussière ; son casque est emporté, il va périr....

— Mes braves hommes d'armes, s'écrie le roi, au secours de cet enfant !

Le comte de Vallamar et le seigneur de Sion se précipitent sur le jeune chrétien ; ils le retirent tout sanglant de la mêlée, ils lavent son visage avec l'eau du puits sous le palmier.

— Par le Saint-Sépulcre ! s'écria Vallamar, c'est mon fils Wilfrid !

C'était Wilfrid !

— Ce n'est rien, rien, mon père, dit le jeune homme ; c'est un coup d'épingle au front ; laissez-moi remonter à cheval.

Vallamar donna un regard sévère à Wilfrid et lui dit : Vous avez désobéi à votre père, vous avez contristé votre ange gardien. Partez, partez; et si vous voulez obtenir mon pardon, allez faire une retraite expiatoire de cent jours au couvent de Notre-Dame-de-la-Mer.

— Mais savez-vous bien, mon père, que j'ai sauvé le roi ?...

— Je sais que vous avez désobéi à votre père et à Dieu. Point d'orgueil, mon fils; le roi se serait sauvé sans vous.

Wilfrid tomba aux genoux de son père et demanda son pardon.

— Je vous le donnerai à Vallamar, dit le père, quand vous l'aurez mérité.

La galère de Ptolémaïs ramena Wilfrid en Provence. Le jeune croisé débarqua dans cette petite baie, et, au lieu de monter cet escalier qui le conduisait ici auprès de sa mère, il suivit cette rampe-là, vers l'ouest, et fut demander asile au couvent de Notre-de-la-Mer, où il s'imposa une pénitence d'un an.

La croisade finie, un page vint au couvent et demanda Wilfrid de Vallamar. Tous les nobles croisés étaient réunis sur cette terrasse autour d'une immense table de chêne chargée des fruits de la campagne et de la mer. Wilfrid se présenta devant son père, humble et les yeux baissés. Mon fils, dit le comte de Vallamar, voici les armes que le roi vous donne : vous porterez sur votre écu trois coquilles d'or, et votre chef sera chargé d'une fleur-de-lis d'argent. Le noble seigneur qui est à ma droite vous donne sa fille Henriette de Sion, et moi, votre père, je vous donne quelque chose de plus précieux encore, le pardon d'une faute et mon amitié.

— Grand merci, seigneur Altovitis, dit

Gabrielle de Laval. En effet, voilà une histoire qui vient fort à propos pour nous rappeler à nos devoirs, si nous les avions oubliés. C'est une croisade aussi que nous allons faire.

— Une véritable croisade, madame, dit Altovitis; n'allons-nous pas délivrer les saints lieux menacés par les mécréans ?

— Y avait-il des héroïnes à la croisade? demanda Claire de Laval [1].

— En doutez-vous? mademoiselle, puisqu'il y avait des héros ? dit Victor Vivaux : dans les grands siècles chevaleresques, les dames suivaient aux armées leurs frères et leurs époux. En Palestine on donnait même des tournois, et les belles princesses et les nobles dames couronnaient les vainqueurs.

Dites, les nobles vainqueurs ! remarqua

(1) A cette époque, Clorinde et Herminie n'étaient pas connues ; Torquato Tasso n'avait que vingt ans.

M. de Laval avec une sorte d'affectation qui ne fut que trop bien comprise du jeune Victor. Altovitis fit un geste approbatif.

— M. de Laval, dit Gabrielle, vous n'ignorez pas que les roturiers gagnaient leurs éperons à la croisade. Vous avez dans votre famille, dans la branche maternelle, un sire de Velabrun, lequel n'était que simple fauconnier au manoir du Castellet et qui s'en revint de Terre-Sainte avec un bel écu, posé aujourd'hui dans un coin de vos armes ; il portait d'azur aux trois besans d'or.....

— Nous savons cela, dit M. de Laval d'un ton sec qui semblait défendre d'aller plus avant dans la recherche des armoiries des roturiers. Victor Vivaux jeta un regard de satisfaction sur Gabrielle. Claire baissa les yeux.

Cependant la chaloupe attendue arrivait dans l'anse, au pied de la terrasse où ces propos se tenaient. Six hommes débarquèrent : cinq robustes et agiles marins du port et le pâtre de la colline des Myrthes. Les marins n'avaient d'autres armes que des épées courtes à double tranchant; le pâtre n'était pas armé.

En arrivant au milieu de ce monde brillant de dames et de nobles cavaliers, le pâtre Pierre n'éprouva pas la plus légère émotion. Il croisa les bras sur sa poitrine et regarda le ciel étoilé. — Braves gens, dit-il, les jours ont diminué depuis Saint-Jean; nous sommes bientôt à Saint-Lazare.

— Que veut dire cela ? dit M. de Laval.

— Cela veut dire, répondit le pâtre, que nous ne pouvons arriver au couvent de Notre-Dame-de-Saint-Pons qu'avec le jour, quoique les nuits soient plus longues qu'au 24 juin.

— Mais il ne faut pas arriver avec le jour, dit M. de Laval.

— Vous avez raison, monseigneur; mais il faut partir pour avancer le chemin.... Puis, prenant à part M. de Laval, le pâtre ajouta mystérieusement : Monseigneur, j'ai eu l'honneur de voir M. de Brion et l'évêque, d'après vos ordres.

— Très bien! dit M. de Laval.

— Eh! partons! partons! s'écrièrent les dames et les jeunes gens.

Pierre le pâtre se mit à la tête du détachement, Altovitis et Vivaux venaient ensuite, puis les deux dames avec M. de Laval; les marins fermaient la marche. M. de Brion, qui avait besoin de tout son monde, n'avait pu accorder à M. de Laval que ce faible secours. D'ailleurs, cette expédition demandait beaucoup de silence et de mystère; trop de soldats auraient pu attirer l'attention : il s'agissait de traverser une assez grande étendue de terrain sans être découvert.

Euphrosine de Laval, sœur de M. de Laval, était abbesse du couvent de Notre-Dame-des-Bois, au fond de la vallée de Gemenos. Elle avait appris que le couvent des sœurs hospitalières de Saint-Jean-de-Garguier venait d'être incendié avec la forêt de pins qui lui servait de ceinture, et elle avait écrit une lettre à son frère pour implorer du secours, en lui exposant ses craintes. Ce secours ne pouvait être différé; il y avait même lieu de craindre qu'il arriverait trop tard et que la catastrophe était déjà consommée dans le bois de Saint-Pons. Pierre le pâtre, qui connaissait très bien les habitudes et les mœurs des gens de sa profession, avait donné quelque espoir à la famille de Laval en affirmant que l'incendie du couvent et du bois de Saint-Jean-de-Garguier ne pouvait être imputé qu'aux bergers; car, dans les jours de crise, les bergers ne manquaient pas d'incendier çà et là quelques arpens de pins pour se donner d'excellens pâturages ; ainsi le monastère de Saint-Pons n'avait à redouter que ce péril, fort grand à la vérité, mais bien moins alarmant qu'une invasion de maraudeurs impériaux, renommés en Europe pour leur insolence sacrilége envers les couvens.

Le pâtre cependant n'avait pas l'air d'être fort rassuré lui-même, car il marchait d'un pas rapide, l'oreille au vent et les yeux dans tous les buissons.

La petite troupe traversa le ruisseau des Aygalades et entra dans le terroir de Sainte-Marthe. Les rares bastides clairsemées de loin en loin à cette époque dans la plaine étaient toutes abandonnées. On n'entendait d'autre bruit que le chant du grillon, le coassement des marécages et les hurlemens plaintifs des chiens qui appelaient leurs maîtres disparus.

Le pâtre dirigea son monde vers l'est, et,

par collines et vallons, il descendit vers la petite route de Saint-Marcel, évitant avec soin les villages et les habitations qui se révélaient par des lumières dans le lointain.

Ils cheminaient au pied de la montagne couverte de pins qui est aujourd'hui la Reynarde, propriété de M. le comte de Félix. On suivait un sentier étroit et tortueux, connu seulement des pâtres d'Aubagne et de Saint-Marcel. Aux dernières inflexions de ce sentier, et comme la bande allait arriver sur les rives de l'Huveaune, le berger Pierre, qui marchait toujours en tête, s'arrêta brusquement et il jeta ses yeux de lynx dans un massif de saules inclinés sur la petite rivière. Altovitis et Vivaux accoururent le mousquet à la main, et ils allaient dépasser le berger, lorsque celui-ci allongea son bras démesuré comme une barrière qu'il ne fallait pas franchir.

— Relevez donc vos armes, messeigneurs,

leur dit-il à voix basse, et ne tirez pas ; vous manqueriez l'homme : on manque tout avec ces machines-là qui font beaucoup de bruit et point de mal ; et puis, voyez, votre mèche est éteinte.

— Nous allons la rallumer, dit Altovitis, j'ai de l'amadou et un briquet.

— Point de bruit ! dit Pierre en haussant les épaules. Savez-vous ce qu'il faut faire pour prendre des *tourdres* au filet (1) ? Il faut blesser les *appeaux*, il ne faut pas les tuer.

Le pâtre s'inclina, les mains sur les genoux, et examina le sol pierreux des bords de l'Huveaune. Il ramassa un caillou rond et poli par les eaux, de la grosseur de son poing ; il le caressa quelque temps en le roulant dans le creux de sa main bronzée, puis frappant

(1) De *turdus*, mot latin que le provençal a conservé et que le français a traduit par *grive*, qui ne signifie rien.

sa hanche droite avec son avant-bras, il lança le caillou dans la direction des saules. Le caillou siffla comme un boulet sorti d'un canon, et un cri terrible se fit entendre.

— C'est un *Bachin !* dit Pierre, vous allez voir. Et il marcha rapidement vers les saules du pas déterminé d'un homme qui sait que tout danger est évanoui.

Toute la petite troupe suivit Pierre. Le caillou lancé par une main infaillible avait brisé la jambe d'un maraudeur italien, étendu et gémissant sur le gazon ; Pierre lui faisait subir un interrogatoire : les demandes étaient en provençal, les réponses en italien, et de part et d'autre on se comprenait parfaitement. Pierre se retourna vers la troupe et lui conseilla de poursuivre sa marche vers l'est, sans s'inquiéter de ce petit incident. Lui-même il donna l'exemple et se remit à la tête.

On traversa une *planque* ou pont de bois,

et on arriva bientôt sur la grande voie de Marseille à la tour de Tolon [1]. Au pied de ces collines que l'on traverse pour aller à Cassis, le pâtre s'arrêta et regarda le ciel.

— Voilà, dit-il, l'étoile de Saint-Maximin qui se lève sur le *Baou de Bretagne;* l'aube va poindre. Suivez-moi, je vais vous mener dans un *gabre* où nous passerons le jour.

Il y a une brusque solution de continuité dans la nature des collines qui commencent à Sainte-Marguerite et vont expirer au vallon du Vaisseau. Devant Saint-Marcel, la verdure des pins disparaît, une haute colline profile son angle aigu, boisé massivement du sol à la cime; tout-à-coup et sans transition l'aridité commence et se prolonge, de mamelons en mamelons, jusqu'à la hauteur d'Aubagne. Le pâtre conducteur gravit la colline des

(1) Aujourd'hui Toulon.

Pins, et, arrivé à mi-côte, il montra du doigt à la petite troupe un ravin profond tout voilé d'arbres, où il fallait passer une trop longue journée et attendre la nuit.

Dames et cavaliers s'installèrent dans le lit desséché du torrent; les domestiques chargés des bagages et des provisions de route improvisèrent un office dans le creux du rocher. On aurait cru voir les apprêts d'une partie de plaisir, mais un silence solennel n'annonçait que trop qu'un souci terrible agitait tous les esprits, et que chacun était si préoccupé du sort de l'abbesse de Laval et de quelques jeunes religieuses, amies ou parentes de Gabrielle et de Claire, qu'il était impossible de trouver un éclair de gaité dans ce monde toujours si joyeux autrefois.

Pierre le pâtre mit deux doigts dans sa bouche et en fit sortir un sifflement de boa. Au même instant on entendit un petit carillon de grelots, et trois chèvres et un gros chien velu, noir et blanc, tombèrent du sommet de la colline aux pieds du berger.

Pierre caressa quelque temps ces animaux qui bondissaient de joie sous ses mains, et il promena ses regards vers les sentiers de l'est comme pour y découvrir quelque nouveau venu.

Le coup de sifflet avait retenti profondément dans le silence de ces solitudes ; les animaux et l'homme avaient entendu cet appel strident du berger. Une forme humaine se dessina bientôt dans les blancheurs diaphanes de l'aube, et Pierre tranquillisa d'un signe Altovitis et Vivaux, qui déjà s'étaient levés l'arquebuse à la main.

— C'est l'ami Bistagno, dit Pierre ; il devait se rencontrer ici avec nous : vous voyez que les bergers n'ont pas besoin de l'horloge des Accoules pour être exacts à l'heure quand ils veulent se voir.

Pierre et Bistagno se serrèrent la main, et Pierre dit à son ami de la montagne :

—Écoute-moi bien : Tu vas aller au moulin du *Biaou* ; tu trouveras sous le rieux *rouve* un homme étendu sur l'herbe ; c'est un Italien blessé, mais il est catholique, il ne faut pas le laisser mourir comme un chien ; charge-le sur tes épaules et porte-le à la *bastide* des Rouman.

Après cette recommandation charitable, Pierre prit congé de la petite troupe, appela ses trois chèvres favorites et dit au chien de remonter la colline et d'aller garder le troupeau. Le jour naissait lorsque le berger allongea ses pas démesurés sur le grand chemin de Marseille.

En moins de deux heures il atteignit les premières tentes des lansquenets plantées dans le voisinage de la léproserie Saint-Lazare. Les bras croisés, la tête haute, la démarche insouciante, Pierre traversa les lignes impériales et se dirigea vers le quartier-général, observant tout, mais imprimant à ses traits un caractère d'indifférence stupide qui ne donnait aucun soupçon à l'ennemi.

Les gens de la domesticité du Connétable appelèrent Pierre et lui achetèrent tout le lait de ses chèvres. Le berger feignit une extrême avidité en recevant la pièce d'or qu'on lui donnait comme salaire; il la retourna vingt fois dans sa large main, la fit sonner sur les cailloux, la baisa et la serra précieusement dans son escarcelle de cuir suspendue à sa ceinture. Ensuite, reprenant son allure nonchalante, il visita la tranchée aussi minutieusement que l'eût fait un général. Il s'étonna des ravages que l'ouragan marseillais avait faits dans les travaux de siége, mais il vit avec douleur que tout ce mal était à la veille d'être réparé; la présence du Connétable inspirait une ardeur incessante aux travailleurs. Bourbon et Pescaire donnaient l'exemple, et de temps en temps ils ne dédaignaient pas de toucher la pioche de leurs nobles mains. Notre berger, avec ce précieux instinct méridional qui vous initie du premier coup aux choses inconnues, comprit que le siége recommencerait le lendemain avec une nouvelle fureur, et que, cette fois, le camp des impériaux était retranché d'une si terrible façon que toutes les sorties devaient échouer. Pourtant aucune émotion ne trahit sur la figure du faune ses sentimens intérieurs; il passait devant les lignes les yeux à demi fermés, comme si la veille de la nuit dernière, la chaleur du mois d'août et les fatigues de sa profession l'eussent forcé à dormir debout, dans l'attitude d'un somnambule; ses chèvres, quand il s'arrêtait par intervalles, allongeaient leurs têtes sous les panaches de câpriers et de pourpiers de mer, fermaient les yeux comme leur maître et se hâtaient de dormir quelques instans. C'est ainsi que le subtil berger acheva son inspection.

Sorti du camp d'Arenc, Pierre vint cotoyer les remparts de la ville, du côté de l'est, et gagna la haute colline au sommet de laquelle on avait interrompu les travaux du fort Notre-Dame-de-la-Garde, élevé par ordre de François Ier. Arrivé sur ce point culminant, il se détacha de toute sa hauteur sur le fond transparent de l'horizon céleste; il se découvrit pour saluer la noble ville assiégée, et agita son chapeau rond aux larges ailes pour attirer l'attention sur lui. Une longue acclamation partie de la tour Saint-Jean et du bastion de la Grotte-de-Village lui répondit. Les Italiens logés autour de l'abbaye Saint-Victor coururent aux armes et regardèrent la colline et la ville avec inquiétude, comme s'ils eussent craint d'être pris entre deux feux. Alors Pierre, persuadé que ses signaux télégraphiques ne seraient pas perdus pour M. de Beauregard et M. de Brion, étendit sa main droite sur les montagnes où le soleil se lève, et ramassant un caillou, il le lança sur la ville; une nouvelle et joyeuse acclamation lui annonça qu'il avait été compris et que la ville entière apprenait avec enthousiasme qu'elle serait attaquée le lendemain au lever du soleil. Les tirailleurs italiens poussèrent des cris de rage et s'élancèrent sur la colline Notre-Dame-de-la-Garde pour saisir l'audacieux espion qui s'entretenait avec Marseille par la voie de l'air. Le pâtre, en les voyant accourir, poussa un de ces éclats de rire que les faunes ravisseurs jetaient à leurs rivaux arcadiens, et prenant pour lit de repos un large quartier de roche, il s'étendit nonchalamment de toute sa longueur pour attendre les Italiens et les insulter ainsi dans son horizontale immobilité; ses trois chèvres se couchèrent à ses pieds et s'endormirent, la tête dans une touffe de thym.

Lorsque les Italiens arrivèrent à cinquante pas du berger, celui-ci poussa un cri aigu, et frappant d'un pied vigoureux le lit de roche comme un tremplin, il bondit avec ses chèvres, et par des élans prodigieux de force et d'agilité il disparut en un clin d'œil dans les vallons qui s'entr'ouvrent à l'est comme d'immenses fossés naturels. La décharge d'arquebuses à croc que les Italiens exécutèrent contre le pâtre n'atteignit que les rocs et les chênes; lui était déjà bien loin, mais les Italiens pouvaient entendre encore ses longs sifflemens de boa qui arrivaient à leurs oreilles comme la raillerie stridente d'un seul homme contre cent.

Pierre dépista aisément ceux qui le poursuivaient du regard; il se perdit bientôt dans des massifs d'arbres et derrière les rideaux de peupliers italiens qui s'élevaient partout à cette époque dans les prairies de Saint-Giniez ; il enjamba l'Huveaune et gagna le sommet des collines boisées qui devaient le conduire, comme le grand chemin de l'air, au ravin de Saint-Marcel, où il était impatiemment attendu.

La compagnie de ces nobles aventuriers n'avait pas quitté la retraite que le pâtre lui avait indiquée. M. de Laval se leva pour recevoir Pierre et prit cet air solennel de satisfaction avec lequel les grands croient payer les petits d'un service rendu. Le berger ne remarqua pas cette pompeuse bienveillance du noble seigneur ; il retira même ses mains devant la main de M. de Laval qui présentait une bourse pleine d'or ; il accompagna ce refus d'un sourire triste qui fit rougir les deux dames, car les femmes ont toutes un merveilleux instinct et un tact sûr à l'endroit des convenances, qualité qui manque à bien des hommes, aux mieux élevés quelquefois. Le pâtre cueillit aux arbres voisins des poires sauvages et des cormes, sa nourriture ordinaire ; il but trois fois de l'eau de roche dans le creux de sa main, fit le signe de la croix, et, après avoir recommandé à la petite troupe de se tenir prête à partir à la première étoile levée, il s'étendit sous le dôme d'un pin, alcove odorante, et il s'endormit les bras croisés sur la poitrine et le visage tourné vers le ciel.

Quand Pierre se réveilla, les cigales épuisées ne chantaient plus sur les roseaux desséchés, la septième étoile du Chariot se levait au zénith, l'hymne des nuits d'été remplissait la vaste campagne ; de tous les massifs d'aubépine, de chèvrefeuille et de thym sortaient mélancoliquement les plaintes des grillons, ces cigales de la nuit.

Le berger noua sa ceinture autour de ses reins, ordonna aux trois chèvres de rejoindre le troupeau, et posant son doigt indicateur verticalement sur ses lèvres, comme la déesse Muta, il se remit à la tête du détachement. Le costume de Pierre annonçait qu'il fallait s'attendre à de grands exercices de force, d'adresse et d'agilité; le pâtre n'avait gardé que l'antique *braye* des Gaulois, ses larges pieds et la moitié de ses jambes étaient nus; son torse, bronzé comme le torse d'un Indien, se révélait aussi dans sa nudité souple et nerveuse sur laquelle se détachait en sautoir le double cordon argenté du scapulaire de Notre-Dame-du-Mont-Carmel; des deux ailes de son large chapeau rond tombaient sur le col des boucles massives et luisantes de cheveux noirs, comme Giotto, le pâtre florentin, les portait dans le val d'Arno.

Le jeune berger de Marseille, avec cette

noble simplicité de pose et de maintien que donne la nature à ses enfans, ressemblait à l'artiste toscan escorté triomphalement de jeunes dames et de jeunes seigneurs, et se rendant à Florence pour ciseler son campanile de marbre à côté du dôme de Bruno-leschi.

La route que l'on suivait était rude, surtout pour nos deux belles amazones dont les pieds délicats n'étaient pas assez défendus par des mules de velours. Pierre, tout en cheminant, coupa des branches de pins et de saules qu'il lia fortement avec des tiges souples de genêts et de joncs verts, et fit un brancard de verdure à deux porteurs pour les deux dames, qui ne refusèrent pas cette chaise improvisée. Deux marins vigoureux acceptèrent avec joie le service de ce palanquin, et la petite caravane n'étant plus retardée arriva bientôt sur la colline de Cavaillon, qui est baignée par les eaux torrentielles du Fauge. Gemenos a été bâti depuis au pied de la colline de Cavaillon, et le Fauge coule aujourd'hui inaperçu sous des voûtes épaisses de trembles, de frênes, de noisetiers, de houx, qu'entrelacent encore des réseaux infinis de lierre, d'aubépine, de lianes de câpriers, voiles impénétrables tissus par les eaux et le soleil.

On ne descendit pas dans le vallon qui mène à Saint-Pons ; le pâtre évita ce chemin qui lui inspirait sans doute quelques craintes, car il s'arrêtait de temps en temps sur les corniches saillantes de la montagne, et, avec ses regards d'aigle et son oreille de tigre, il interrogeait les mystères nocturnes et les bruits solennels de cette vallée toute pleine du frémissement des arbres et du fracas des torrens. Quand le pâtre intelligent s'était assuré que les murmures du vallon venaient de la nature et non de l'homme, il se remettait en marche sur les crètes pierreuses de la montagne, et son pas décidé annonçait un conducteur maître de son terrain et courant au but sans hésitation.

Bientôt, dans l'atmosphère transparente des nuits d'été, se détachèrent les murailles grises du village de Gêmes [1]. Une seule porte flanquée de deux tourelles crénelées défendait cette modeste résidence de pâtres et de villageois. Dans ces momens de troubles, Gêmes avait été abandonné; ses habitans s'étaient réfugiés dans les montagnes lointaines du monastère de Saint-Cassien, près la beaume sacrée qui vit la pénitence de Madeleine. Notre petite caravane marseillaise cotoya le village, et, après avoir suivi quelques inflexions de collines, elle découvrit à travers

(1) Gêmes, ou le vieux Gemenos; on aperçoit ses ruines du fond de la vallée quand on arrive à la fabrique de papier.

de sombres masses de verdure le haut clocher blanc du monastère de Saint-Pons qui s'élevait par dessus les sycomores et les peupliers.

Le nouveau couvent de Saint-Pons avait été bâti à côté des ruines de l'ancien. Ces ruines étaient une leçon qui devait rappeler incessamment aux religieuses une histoire fatale et les maintenir sur la sainte ligne du devoir. Fidèles aux statuts sévères de leur ordre, les religieuses, la mère de Laval à leur tête, n'avaient pas suivi l'exemple des habitans du village de Gêmes : elles avaient à expier le sacrilége de leurs devancières et elles ne voulaient pas que le monastère donnât deux fois le spectacle d'une faiblesse criminelle, quoique la circonstance eût excusé cette fois l'infraction des vœux. Ces héroïques femmes restèrent dans leur couvent et se résignèrent à toutes les éventualités que leur sainte mais imprudente détermination leur préparait dans un avenir qui était le lendemain. Or, voici, d'après les chroniqueurs, le sacrilége dont l'expiation fut un héritage légué par le vieux monastère au nouveau :

« A la fête de saint Martin, le patron de ce couvent, le concours des curieux et des fidèles était immense dans le bois et dans l'église de Saint-Pons : dès l'aube, la route étroite qui circule le long de deux collines déboisées retentissait d'un grand bruit de foule ; mais jamais les visiteurs n'étaient venus de tous les points de la Provence en aussi grand nombre que le 11 novembre 1407, jour de la fête patronale du lieu. Le bois criait, frémissait, se trémoussait ; toute la noblesse du comté s'y était rendue ; les pages, les valets couraient devant les chevaux pour écarter la foule, et la foule, pressée, heurtée, amoncelée, puis se déployant, grondait comme une mer contre les hauts murs du monastère, qui faisait pleuvoir sur elle ses voix joyeuses d'airain ; l'église brûlait de feux, elle était incendiée ; l'image de saint Martin brillait dans un lointain de dentelles, de fleurs et de bougies pompeusement placées sur le maître-autel. Le soir, à la fin des cérémonies, quand les dernières émanations de la fête s'évaporaient avec une odeur mêlée d'encens et de cire, un orage qui, dès midi, s'était balancé dans les nuages arrêtés par le pilon du *Baou* de Bretagne, descendit dans le bois, s'engouffra sous les arbres, éclata et ruissela en tonnerres et en pluie. Alors la confusion fut inexprimable, on se hâtait de fuir ; trente jeunes seigneurs qui buvaient dans un carrefour de la forêt, lançaient par les éclaircies des arbres des brocards en langue romane, des vers de Bertrand de Born, le plus satirique des troubadours, à la foule mouillée et fuyante ; eux ne s'ébranlaient pas : inondés d'eau , éclairés par les feux d'un ciel noir qui se fendait de temps en temps en longues et larges crevasses aux coups des tonnerres , ils se versaient à boire, en chantant toutes les sérénades, toutes les aubades, tous les sirventes de Folquet, troubadour et archevêque de Toulouse. Quelques voix amies leur criaient : « Messeigneurs, « ne venez-vous pas? l'orage redouble ! » Gautier d'Alnet, le plus fou de tous, leur répondait : « Honnis les fuyards ! nous sommes bien « ici ! vivent les dames ! » Et les flacons se vidaient dans les verres, et les moustaches trempaient dans le vin, et les mains essuyaient les lèvres rougies, et les mots plaisans , les éclats de rire ne tarissaient pas dans ce carrefour de la forêt, éclairé de tant de joie , assourdi de tant de cris. Tout, hormis le ciel qui continuait à tonner, la forêt qui continuait à se démener, fit silence autour d'eux ;

la foule avait disparu, nos seigneurs s'obstinaient à rester. La cloche du couvent sonna sept heures. Deux pages avaient allumé des torches qui répandaient sur cette scène de buveurs une teinte infernale ; cette lueur, qui rougissait faiblement les arbres, montait au visage des chevaliers et les pâlissait. La pluie avait cessé, mais le ciel noir, qu'on voyait à peine, était lourd et plat au dessus de la forêt; ce n'était qu'un rapide entr'acte dans le drame de la tempête : le drame continua.

« Le vent souleva la forêt comme la toile de la scène à laquelle le ciel fournissait les étranges acteurs; les foudres couraient comme des flammes éperdues, bondissaient comme des danseuses ivres dans les bois ; elles semblaient vouloir s'enlacer pour éclater ensemble dans une fureur que les échos de la haute montagne voisine prolongeaient en sublimes et retentissantes roulades ; la pluie tombait en cataractes, courbait les arbres, fouettait les branches, le sol, et paraissait ne plus former qu'un mur sombre, mobile, secoué entre le ciel et la terre. Les chevaliers n'avaient jamais vu une pareille tempête ; les chevaux, effarouchés, plongeaient leurs naseaux dans cet air empesté de soufre, se cabraient aux éclairs et rompaient leurs liens à chaque bruit de tonnerre. Les chevaliers avaient cessé, pour le coup, de boire et de chanter les vers de Folquet, troubadour, archevêque de Toulouse ; ils se serraient les uns aux autres, pestant contre l'orage et maudissant cette nuit si noire qui ne leur envoyait que des clameurs furieuses de grèves battues, d'écueils sillonnés de feux.

« Gautier d'Alnet leur propose de demander un asile aux religieuses du monastère : dans une situation si critique, c'était le seul parti à prendre ; aussi, approuvant par une acclamation unanime l'idée de Gautier, ils marchent vers le monastère à travers la pluie et le vent qui bondit sur leurs manteaux et leur glace le visage ; trente mains veulent se suspendre à la corde de la cloche du couvent ; la cloche est fortement secouée. A cet appel qui dominait la tempête, une tourière accourt, fait glisser la fenêtre de la lucarne grillée, et appuyant sur un treillis en fer son visage reposé, elle dit : « Que demandez-vous « à cette heure et par ce temps? » Trente voix lui répondent : « Nous sommes venus à « la fête, nous sommes transis de froid, per« cés jusqu'aux os, nos chevaux ne veulent « plus marcher ; au nom de Dieu, un abri « pour cette nuit, ou nous périssons! » La tourière, émue, répond qu'elle va informer de tout cela la révérende abbesse.

« L'abbesse attendait le souper dans une salle gothique, aux hautes fenêtres, entourée de ses filles, qui s'entretenaient de la fête du jour. Cette salle était calme et décente, ses murs blancs étaient couverts de saintes images et de pieux versets ; sur une table, des bougies brûlaient dans des chandeliers de cuivre; des livres de prière, des scapulaires non achevés, des cœurs de satin à peine brodés, des nappes d'autel bien lavées reposaient en piles odorantes sur cette table. Parmi ces quarante religieuses quinze au moins avaient une beauté remarquable ; la décence de leur saint costume achevait de donner un air plus pudique encore à leurs traits reposés et réguliers. Mais Blanche était ravissante : Dieu occupait maintenant sa pensée, cette pensée que le souvenir de Gautier avait tant torturée. La pauvre fille avait trouvé un peu de paix dans cet asile où les bruits du monde expiraient, semblables aux derniers murmures d'une vague évanouie sur la grève. Pourtant le souvenir de ce Gautier si aimé pénétrait quelquefois dans l'âme de la chaste fille du Seigneur : pendant la nuit, quand les prières s'étaient éteintes, quand les lampes ne brûlaient plus, une lumière tremblait encore dans une cellule, dans la cellule de la pauvre Blanche. Si quelqu'un eût alors parcouru les allées du bois, il aurait vu une figure mélancolique, trahie par une auréole pâle, s'appuyer tristement à des barreaux. Blanche, quand le clocher sonnait les heures de la nuit, s'arrachant à une couche où le sommeil était troublé par de dangereuses images, semblait chercher dans l'air le souffle qui devait éteindre une flamme qu'elle portait là, dans son sein ; mais cette brise salutaire ne venait pas du bois, de ce bois qui, par ses masses obscures, ses bruits de cimes écartelées des clartés douteuses que la lune leur versait, rappelait à l'infortunée un autre bois, un autre parc, plein pour elles d'émotions décevantes, de souvenirs ravissans. Le bruit de la cascade qui jetait à ce bois sa fraîche et monotone harmonie, les voix de la montagne qui descendaient, comme des soupirs d'orgue de cathédrale, dans les arbres; cette obscurité veloutée, parfumée par le thym et les genêts des collines, tout cela formait pour la recluse une trop irritante atmosphère. Alors elle saisissait le scapulaire des vœux et le baisait avec une pieuse terreur; elle tournait son regard effrayé vers l'image de la Vierge, récitait des psaumes, et puis, tombant à genoux sur son prie-dieu, elle pleurait, elle sanglotait comme une folle, demandait pardon aux saints, aux anges, à Marie, et se désolait ainsi dans cet océan d'amertume, de sinistres pensées, du fond duquel le fantôme de Gautier sortait beau, gracieux et secouant les tresses noires de ses cheveux... Oh! plaignez Blanche de Simiane!

« Le soir où les chevaliers demandèrent l'hospitalité, Blanche de Simiane avait passé la journée à l'église; mais l'église devint pour elle aussi dangereuse que le bois du monastère, à minuit, quand elle en respirait le dangereux parfum. Des voix de chevaliers avaient attaqué, avec une vigueur inaccoutumée, les répons sacrés de la préface de la messe; ce n'étaient point ces voix lentes et douces qui emplissaient d'une harmonie matinale la chapelle des nonnes, c'étaient des sons hauts et bruyans dont l'officiant paraissait presque scandalisé. Placée près de la grille, Blanche, par un mouvement qui lui coûta tant de larmes à la récitation du *De profundis*, avait glissé un regard furtif dans la nef et dans le sanctuaire; ce regard, dirigé par Satan, s'était rapidement arrêté sur le front radieux et satisfait d'un beau chevalier, de Gautier d'Alnet, appuyé à un pilastre, vis-à-vis la grille, qu'il interrogeait d'un œil malicieux et indiscret. Blanche frémit sous son voile; elle avait reconnu l'homme qu'elle aima tant. A cette vue, son courage l'abandonna; et puis tout tournait contre elle : l'encens des thuriféraires, le rayonnement des cierges, les chants de ses compagnes, les accords de l'orgue, ces voix saintes, ces sons religieux qui naguère calmaient les douleurs de la recluse, avaient pris un autre caractère; c'était l'image de Gautier qui leur donnait une expression funeste. La tête perdue dans ces torrens d'harmonie, enivrée par l'encens dont les flots se répandaient dans le sanctuaire, exaltée par ces versets mystiques où les voix des prêtres s'éteignaient avec une sainte langueur, Blanche, hors d'elle-même, la flamme au visage, tremblait et se mourait, douloureusement appuyée à sa stalle. Toute cette magnificence catholique qui éclatait dans l'église du monastère, s'était mise au service de sa passion ; la séduction agissait par les moyens mêmes qui auraient dû la combattre; comme un serpent dont des fleurs cachent la spirale, elle s'élançait de ces chants, de ces parfums qui rendaient la voûte sacrée tout harmonieuse, tout embaumée... Oui, Blanche se mourait.

« Elle se mourait; et que devint, oh! que devint-elle, la pauvre fille, quand elle reconnut parmi ces chevaliers arrosés de pluie, inclinés avec respect devant l'abbesse, dans la salle où celle-ci avait donné ordre de les introduire, le sire Gautier d'Alnet, qui secouait de sa main les plumes transies et ébouriffées de sa toque de velours ? Elle eut froid ; elle respira d'abord fortement, puis elle se sentit mourir. Ursule de Vins, qui la vit pâlir, se pencha vers elle avec anxiété pour s'informer de la cause qui altérait et plombait ainsi son visage. Revenue un peu à elle, Blanche essaya un triste sourire et une inclination de tête bienveillante pour rassurer Ursule de Vins.

« C'était une grave infraction à la règle : trente chevaliers, et quels chevaliers, bon Dieu! ainsi introduits dans l'asile du recueillement et de la prière!!! Mais Pétronille de Simiane prenait tout sur elle. « Messires, « leur dit-elle, ce nous est une grande joie de « pouvoir vous faire passer une meilleure nuit « que celle que l'orage vous préparait dans le « bois et dans le vallon; d'ailleurs, les ruis-« seaux sont grossis, la cascade est furieuse, « vous auriez pu vous repentir d'une chevau-« chée par une si affreuse tempête : le toit de « notre couvent vous gardera de tout mal. » Gautier d'Alnet, émerveillé de tant de courtoise hospitalité, se constitue l'orateur de la troupe. « Ma révérende mère, dit-il, que

« Dieu vous récompense de votre charité : « nous passerons une nuit délicieuse dans ce « saint monastère, en compagnie d'une.... » Mais ici un regard sévère de Bertrand d'Agout, qui avait autrefois reçu les *quatre moindres*, et qui savait par conséquent la tournure qu'il fallait donner aux paroles adressées à des nonnes, arrêta sur les lèvres de Gautier l'imprudente phrase par laquelle les saintes filles allaient être transformées en des châtelaines gracieuses. Bertrand dit avec une expression béate : « Mes sœurs, vous avez « allumé une lampe au haut de votre monas- « tère, vous nous avez accueillis, nous, « hommes du siècle, gens de guerre, indi- « gnes d'être abrités sous ces voûtes pieuses ; « vous avez accompli le précepte : *Illuminare « his qui in tenebris et in umbrâ mortis sedent.* « Que graces vous soient rendues ! »

Pétronille de Simiane, l'abbesse, était radieuse de joie : ces costumes mondains, ces écharpes bariolées, ces pourpoints tailladés, ces fraises endommagées par l'orage, ces chapeaux où les plumes abondaient, la transportèrent dans un autre monde, dans ce monde où le roi René introduisit son Roi-d'Amour et sa burlesque procession ; la rue Saint-Michel d'Aix, cette rue bordée de sombres et austères hôtels, lui revint à l'esprit. A vingt ans, la révérende Pétronille avait vu chez le sire de Sabran une fête dont le roi René aurait revendiqué le programme, une fête étourdissante, où les danses et les propos d'amour laissèrent dans les salons, dans le vestibule sonore, dans les jardins un souvenir qui fit long-temps chanceler la vertu rigide des femmes de chambre de la baronne de Sabran, tant cet hôtel pudique en reçut une chaude et douce empreinte de mol abandon et de soudaine défaite. Pétronille de Simiane, dans cette soirée enivrante, y puisa des souvenirs qui se réveillèrent en foule à la vue de ces chevaliers presque tous de bonne mine et triomphans d'aise et de contenance devant cet essaim de blanches colombelles. La révérende abbesse leur fit servir à souper; les sœurs de l'office furent invitées à donner de leur talent culinaire une idée avantageuse ; elles se mirent à l'œuvre avec une ardeur remarquable : dans une heure le repas fût prêt et servi.

« Pendant que nos trente convives faisaient honneur à ce festin substantiel, bien qu'improvisé, à ces vins généreux qui brillaient dans les flacons, les religieuses s'étaient rendues au chœur pour y chanter les *Laudes*. Au dessert, la loquacité bruyante des chevaliers cessa un instant, parce que Gautier d'Alnet avait, au milieu du tapage des verres et des propos, saisi une note touchante qui arrivait à lui du fond du sanctuaire. « Messires, dit

« Gautier, un moment de silence ! nos bonnes « religieuses chantent pendant que nous bu- « vons ; écoutons-les ! »

« Ah ! c'était une délectable harmonie que celles de ces voix de femmes qui montaient ainsi vers le ciel comme les parfums de l'encensoir ! Le chant était doux et pénétrant ; les chevaliers se trouvaient presque dans des dispositions d'attendrissement et de suave mélancolie ; jamais sons plus purs n'avaient frappé leurs oreilles dans les cours d'amour, dans les soirées d'Aix et de Tarascon. Le verset du psaume pleurait, devenait languissant, puis prenait une expression triomphante et toujours sous cette cadence divine palpitait la douleur, l'iconcevable douleur de l'homme.

« Guillaume de Pontevès, nourri de Dante, de Pétrarque et des troubadours, gai par saccades, rêveur habituellement, écoutait ces hymnes amollissantes en cachant les larmes sous sa serviette; quand les voix se turent, il eut presque honte de son émotion; Gautier d'Alnet, qui lui vit les yeux rouges, le plaisanta et dit qu'il fallait une chanson un peu divertissante pour dissiper la tristesse dont ce repas, commencé dans de si joyeuses causeries, finissait par s'envelopper. Piqué de ses sarcasmes, Pontevès, que ne recueillait plus aucun chant d'église, entame la *serena* dont le véridique auteur de cette chronique a transcrit les couplets suivans :

En un vergier, solz fuelha d'albespi,
Tene la dompna; son amic costa si
Tro la gayta crida que l'alba vi:
Oy Dieus! oy Dieus! de l'alba tant tost ve! (1)

(1) Dans un verger, sous un feuillage d'aubépine,
La dame tient son ami à son côté;
Mais la sentinelle crie trop tôt qu'il voit l'aube:
Oh Dieu! oh Dieu! que l'aube tant tôt vient!

A peine ce couplet eut-il été chanté avec une expression langoureuse, qu'une voix de religieuse, une voix qui fit un instant tressaillir Gautier, psalmodia le premier verset du *De profundis*. La voix était presque sanglotante, elle traînait sur ces lugubres paroles qui semblent sortir d'un abîme de pleurs et d'amères tristesses ; quand elle fut éteinte pour faire place à une courte oraison mentale, Pontevès reprit :

Plagues à Dieus ja la nueitz non fal'his,
Ni le mieus amicx lou de mie nos partis,
Ni la gayta jorn ni alba no vis
Oy Dieus ! oy Dieus ! de l'alba tant tost ve ! (1)

A peine ce couplet finissait-il, que la reli-

(1) Plut à Dieu que jamais la nuit ne cessât,
Et que le mien ami loin de moi ne s'écartât,
Et que la sentinelle ne vît ni jour, ni aube !
Oh Dieu ! oh Dieu ! que l'aube tant tôt vient !

sembla y répondre par un autre verset du *De profundis*, mais chanté, cette fois, avec une indicible expression de terreur, ainsi que le tremblement de la voix l'indiquait. Etait-ce un regret ? était-ce un désir ? Dieu seul l'a su.

« Aux battemens de mains de Gautier et de ses convives, Pontevès entonna cette troisième strophe toute palpitante d'amoureuse merci :

Per la doss aurora qu'es venguda de lay
Del mieus amicx belh e cortes e gay,
Del sien alen ai begut un dous ray :
Oy Dieus ! Oy Dieus ! de l'alba tan tost ve ! (1)

« Mais la voix de la religieuse qui se désola dans ces terribles mots :

Si iniquitates observaveris, Domine : Domine, quis sustinebit?

arrêta sur les lèvres pâles de Pontevès les au-

(1) Par le doux soufle qui est venu de là
Du mien ami beau et courtois et gai,
De son haleine j'ai bu un doux rayon :
Oh Dieu ! Oh Dieu ! que l'aube tant tôt vient !

tres couplets ; il n'eut pas la force , malgré les encouragemens de la splendide gaité de Gautier, de continuer à envoyer ainsi d'ardentes pensées de volupté à cette malheureuse qui se débattait sous l'aile de la mort, en n'osant pénétrer dans les mystères de son ame.

« Le lendemain, au lever du jour, Gautier d'Alnet eut une fâcheuse pensée ; il avait trouvé dans sa chambre un sommeil excellent ; en s'éveillant, il vit luire une de ces belles matinées d'automne si ordinaires en Provence. Le bois étincelait de gouttes de pluie qui se suspendaient aux feuilles en réseaux de chatoyante lumière ; la brise qui traversait l'air était fraîche et odorante. Gautier se prit les mains en signe de solitaire et muette satisfaction, et se les serra, applaudissant ainsi à l'idée qui lui vint de préparer à ses compagnons de passer cette délicieuse journée dans une si douce hôtellerie. La révérende abbesse lui parut facile à entrer dans ses vues ; aussi ne fut-il que médiocrement surpris quand Pétronille de Simiane, après quelques légères objections aisément combattues, finit par donner sa pleine et entière adhésion à une demande dont la légéreté de son caractère lui dissimulait les terribles conséquences.

« Voilà nos trente gentilshommes installés pour une journée dans le monastère de Saint-Pons ! Afin de ne pas leur rendre le séjour du couvent trop triste, on psalmodia les offices avec une promptitude charmante ; après tierce, sexte et none, les religieuses se rendirent, non pas dans le réfectoire, mais au jardin, où la table était dressée sous la grande allée. La révérende abbesse invita les chevaliers à prendre place. Chacun d'eux avait à sa droite et à sa gauche une religieuse. Blanche de Simiane arriva quand tout le monde était déjà assis ; déjà Gautier d'Alnet maudissait le hasard qui ne lui avait donné qu'une compagne, la sœur infirmière, au menton recourbé, à l'œil timidement effaré, dont le visage avait déjà tout le poli d'un os de catacombes rongé par le temps et jauni par la terre. Gautier d'Alnet commençait déjà à pester tout haut, quand, se retournant au bruit d'un marcher doux, d'un léger frôlement de robe, il vit s'avancer et pâlir Blanche de Simiane, qui fut forcée de s'asseoir à ses côtés sur la seule chaise qui restât inoccupée.

« Blanche de Simiane était bien belle, malgré l'austérité de son costume ; elle n'osait lever les yeux sur son voisin, sur cet homme qu'elle avait cru ne revoir jamais et dont la voix résonnait maintenant à ses oreilles, dont le coude heurtait le sien, dont le visage étais si près de son visage. En jetant un regard à la dérobée sur ce dangereux Gautier, elle crut apercevoir dans ses traits un sourire affectueux qui semblait intercéder son pardon; soit fascination, soit réalité, Blanche sut gré intérieurement à Gautier de la bonté de son regard. Gautier était ravi, le hasard le servait à merveille; ne répondant que par des mouvemens de tête précipités aux questions traînantes de la sœur infirmière, il réservait toute l'ardeur de ses yeux, toute l'attention de ses traits, tout l'empressement de ses mouvemens pour Blanche, qui murmura enfin à ses côtés de bien harmonieuses paroles. La chère, le vin rendaient Gautier admirable de verve, d'esprit et même de courtoisie; il jeta dans la conversation mille traits délicieux. Pétronille riait de ses bons mots, les vieilles religieuses remuaient avec une lenteur méthodique leurs têtes en signe de béate satisfaction; les chevaliers, électrisés, frappaient sur la table, en couvrant d'un long trépignement de gaité les plaisanteries de d'Alnet ; et Blanche, au milieu de ce murmure flatteur dont Gautier, l'œil en feu et la joue ardente, savourait si bien l'hommage, se perdait dans un nuage de pensées tristes, folles, exaltées.

« Quand sept heures du soir sonnèrent, le réfectoire offrit une magnifique illumination ; dans l'intervalle qui s'était écoulé entre le dîner et le moment où la cloche appela les chevaliers et les religieuses au souper, le couvent, l'église, le parc, les corridors, le cloître prirent un air de fête, répétèrent des mots dont jamais les échos de ces froides voûtes n'avaient retenti. Blanche s'était mille fois demandé si un démon ne l'avait pas placée malgré elle sous l'obsession d'un rêve extravagant et admirable ; si ce corridor était bien le corridor décent et pieux, tapissé de versets bibliques, d'oraisons jaculatoires, par où elle passait pour se rendre à sa cellule ; ce corridor où le vent de parc venait de se jouer dans une écharpe d'homme, dans un manteau de chevalier. Au reste, elles croyaient toutes poursuivre, avec le soleil au ciel, ces pauvres filles, un songe dont le diable dessinait et variait à l'infini la capricieuse arabesque, un songe qui retentissait d'éclats de rire mondains, qui prolongeait des refrains de chansons bachiques, qui semblait prendre plaisir à traîner dans une fange pétrie de vin de Crète et de luxure parfumée le voile saint de la pénitence.

Je l'ai dit, quand sept heures sonnèrent, tous, chevaliers, religieuses, se réunirent au réfectoire ; c'était une éblouissante illumination . . . .

. . . .

« Quelque temps après, Gautier reçut d'une main inconnue l'ordre de se rendre au monastère de Saint-Pons. Le jeune chevalier eut hâte d'obéir à une invitation dont le mystère n'était pas sans attrait pour lui.

« Gautier, en entrant par la porte du jardin, le trouva désert ; il s'approche du cloître, il voit des soldats qui se promenaient gravement et silencieusement le long des murs ; leur chef, une espèce de sergent, qui avait une épée en bandoulière, vient à Gautier et lui dit : « Messire, on vous attend à l'église. » Gautier va à l'église.

« Si Gautier avait vécu mille ans, mille ans, il aurait conservé le souvenir de la scène terrible et imposante dont il fut le témoin : des cierges de cire jaune brûlaient sur l'autel ; au bas des degrés du sanctuaire étaient debout les prêtres, en surplis, dans l'attitude d'un grave recueillement ; appuyé au tombeau de marbre de cet autel, Paul de Sade, évêque de Marseille, le front ceint de sa mître, la crosse à la main, priait tout bas en tenant les yeux vers la terre; après la balustrade de pierre qui séparait le sanctuaire de la nef principale, on voyait, le front sur les dalles, toutes les religieuses dont le costume en désordre attestait l'épouvantable scandale de la nuit; ces malheureuses femmes frémissaient de tout leur corps dans cette humiliante posture; au fond de l'église, les chevaliers, au milieu desquels Gautier vint se mettre, se trouvaient cernés par la ceinture de fer des hommes d'armes de l'évêque.

« Paul de Sade tremblait d'une sainte colère; le vénérable évêque, dont le nom, le nom si illustre et si saint, devait un jour se perdre dans le limon fétide où se vautra un des siens descendans, resta long-temps sans pouvoir proférer une seule parole, tant son agitation et son indignation étaient grandes. « Filles de Bélial! dit-il enfin, filles de Satan!

« vous avez couvert de honte la vieillesse de « votre pasteur ; vous avez introduit l'*abomi-« nation de la désolation* dans le lieu saint ; « vous avez souillé votre robe de pureté ; cette « robe, vous l'avez traînée dans la fange du « crime ; vous avez crucifié Jésus-Christ à « deux pas de son tabernacle ; vous avez, « comme les Hébreux dans le désert, dansé « autour de l'idole de la volupté en chantant « des chansons infâmes avec les enfans du « siècle : vous êtes maudites !... Oui, votre « évêque lance sur vous l'anathème ! ana-« thème à vous ! anathème à vos cœurs cor-« rompus ! anathème à celle qui aurait dû « être votre guide et qui n'a été que votre « perdition ! anathème à vos joies horribles, « à vos plaisirs abominables ! Seigneur, Sei-« gneur, Seigneur, elles vous ont cruellement « offensé ! Le lieu saint a vu ce qu'il n'aurait « jamais dû voir, a entendu ce qu'il n'aurait

« jamais dû entendre; la lampe du sanctuaire « a pâli; les anges du Très-Haut qui veillent « autour de ce saint tabernacle se sont voilés « de leurs ailes, ils ont pleuré devant la face « de Dieu : *Angeli contristati sunt.* Vous que « je ne puis plus nommer mes filles, une « éternité de larmes ne laverait pas vos cri- « mes ; les châtimens de l'Eglise vous sont « réservés ; fasse le Dieu miséricordieux que « vous les receviez en esprit de pénitence. » L'émotion qu'éprouvait Paul de Sade était tellement forte qu'il tomba anéanti, se couvrant les yeux de ses mains, dans un fauteuil. Alors les prêtres entonnèrent les chants de l'excommunication ; l'un d'eux alla solennellement éteindre les lampes du sanctuaire; un autre, qui était à jeûn depuis minuit, consomma toutes les hosties consacrées; la corde de la cloche fut coupée ; les croix, les tableaux furent enlevés, les confessionnaux brisés ; on frappa les vases saints à coups de marteau, et toutes ces lugubres cérémonies s'accomplissaient au chant solennel et triste des psaumes ; puis les cierges s'éteignirent, une seule torche tenue en l'air par un enfant de chœur répandait une teinte sombre sur l'assemblée terrifiée. Paul de Sade se leva : « Les filles qui ont rompu leurs vœux de « retraite et de chasteté, dit-il d'une voix « lente, vont être conduites au monastère « de l'étroite règle de Saint-Pierre-de-la-« Manarre [1]. Là, elles passeront dans la « pénitence les jours que le Seigneur leur « laissera encore sur cette terre. Quant à ce « monastère, l'église seule restera debout, « tous les autres bâtimens seront détruits. »

Cette histoire, jugée au point de vue tolé-

(1) Près d'Hyères.

rant de notre époque, nous paraît fort innocente, et nous comprenons peu l'anathème épiscopal qui foudroya le monastère de Saint-Martin ; mais il faut se dégager de l'esprit de son siècle pour apprécier l'esprit des anciens jours. Le sacrilége commis dans ce couvent demandait une expiation éclatante, même dans l'avenir, et les religieuses qui acceptèrent la succession se soumirent volontairement aux plus sévères lois d'isolement et de pénitence que l'on pût imaginer à cette époque de foi.

V

Le couvent de Notre-Dame-de-Saint-Pons, bâti, comme nous l'avons dit, à côté des ruines de l'ancien, n'était accessible qu'au midi du bois, et encore le sentier qui y conduisait descendait du sommet d'une montagne et aboutissait à la source. Trois larges ravins défendaient le monastère comme des fossés naturels [1], et leurs rives étaient hérissées de

(1) Aujourd'hui on ne voit plus qu'un seul de ces ravins devant les ruines du monastère.

masses énormes de lianes et de chênes-nains, toujours humides de l'écume des torrens qui roulaient avec un fracas horrible sous ces voûtes de verdure sombre et impénétrable. Le monastère n'avait qu'une issue : c'était une porte de fer massive et si basse qu'il fallait se courber profondément pour y passer ; trois rideaux de peupliers d'une hauteur démesurée voilaient les murailles, de sorte que la façade seule était à découvert. Ces arbres, favorisés par la nature du sol, dépassaient le toit de l'édifice et entraînaient avec eux des arètes de lierre, de vignes et de figuiers sauvages qu'ils jetaient sur les corniches supérieures comme des grappins d'abordage ou des ponts de fil de verdure suspendus dans les airs. En très peu d'années le nouveau couvent s'était couronné de ce luxe de végétation.

Sur le versant de la dernière montagne

qui s'abaissait dans le bois, le pâtre Pierre s'arrêta et il regarda autour de lui comme s'il eût attendu quelque nouvel arrivant. Bientôt une forme humaine se détacha dans une clairière, et Bistagno, l'ami de Pierre, vint se mêler à la petite troupe.

— Quelle nouvelle? lui dit Pierre en lui tendant la main.

— L'Italien a parlé, répondit Bistagno.

— Ce coquin! il a parlé?

— Il a demandé le curé de Saint-Pierre et il s'est confessé.

— Que le diable l'emporte!

— Le diable ne l'a pas emporté, dit Bistagno, au contraire; après sa confession, ce maudit de Dieu a demandé à manger. Ces gens-là ont la vie dure comme les chats.

— Et sa blessure?

— Tante Anne, la vieille de maître Mélan, l'a guérie avec un emplâtre de *coudouna* et trois paroles qu'elle sait. Quand l'Italien a été guéri, il nous a fait jurer sur l'évangile que nous le traiterions bien , et il nous a tout dit. Ils sont quatorze Italiens, quatorze voleurs de poules ; ils se partagent en deux bandes de sept. Une bande bat la campagne de Roquevaire à Saint-Jean-de-Garguier, l'autre s'est enfoncée du côté de ces bois, m'a dit l'Italien en me montrant le *baou de Bretagne*, parce qu'elle a l'espoir d'être toujours cachée dans les arbres et les précipices et de tomber la nuit sur les couvens qui sont dans le voisinage des sources et à l'ombre. L'Italien ne m'a pas trompé, car, ce matin, Jausseran, le berger de Cuges, m'a dit que toutes les nuits le couvent de Saint-Pons était assiégé par ces bandits ; ils se retirent le jour du côté du Plan-d'Aups, de peur de rencontrer les bûcherons et les charbonniers de Cuges et de Gêmes qui travaillent en bandes nombreuses depuis le moulin de Saint-Pons jusqu'au pied du *baou de Bretagne*.

Le berger se tut, et la petite troupe attendait dans un silence profond la décision que Pierre allait prendre et qu'il méditait dans une attitude calme, les yeux tournés vers les grandes masses d'ombre où le couvent se cachait. Ainsi placé au centre d'un bois thessalien, le berger immobile ressemblait au dieu Terme protégeant les Naïades de ce lieu sacré.

Le berger Pierre descendit de la montagne et s'avança seul dans la direction du monastère ; ses compagnons le perdirent bientôt de vue dans les ténèbres de la nuit et du bois.

Pierre entr'ouvrit avec ses mains de fer les lianes qui voilaient massivement un ravin ; il descendit dans le gouffre, traversa le torrent et remonta sur le bord opposé en s'aidant des racines saillantes des peupliers et des sycomores qui avaient miné le sol à des profondeurs infinies. Arrivé devant la porte du couvent, le berger sonna plusieurs coups sur l'air de l'*Angelus* : c'était le signal convenu dans la lettre que l'abbesse avait écrite à son frère, M. de Laval.

Un long cri de joie retentit dans les corridors du monastère. La sœur tourière accourut à la grande porte et l'ouvrit sans hésiter ; mais elle recula de terreur en se trouvant face à face avec un homme dont le costume n'avait rien de chevaleresque et de rassurant.

— N'ayez pas peur, dit Pierre, je suis un ami, et un bon ami.

La pauvre tourière fut sur-le-champ rassurée par l'accent provençal et le ton bienveillant qui accompagna la voix ; cependant elle courut à la porte et la ferma par précaution. Si c'était un ennemi, du moins il était seul ; telle fut la pensée de la sœur tourière.

Pierre ouvrit une boîte suspendue à sa ceinture et la remit à la tourière; cette boîte était scellée des armes de l'évêque de Marseille; elle renfermait un mandement qui suspendait les vœux de réclusion des religieuses du couvent de Notre-Dame et les autorisait, *pro necessatibus belli*, à chercher un asile plus sûr pour y attendre des jours meilleurs. Il ne fallait rien moins qu'une pareille autorisation, émanant du pouvoir qui lie et délie, pour suspendre l'austérité d'une règle dont ce couvent était l'esclave et dont il devait être le martyr à cause de ses antécédens scandaleux.

Pierre fut appelé par la supérieure à la grille du parloir, et il lui annonça que les deux dames de Laval demandaient à être introduites dans le couvent et qu'il sortait pour les accompagner, car les momens étaient précieux, l'heure du péril approchant. Et sans répondre aux interrogations provoquées par cette bonne nouvelle qui répandait la joie parmi les religieuses, Pierre courut à l'endroit où il avait laissé sa troupe, et il conduisit tout ce monde, par le sentier le plus facile, devant la porte du couvent ; là il fit le signal convenu, et les deux dames se trouvèrent bientôt dans les bras de leurs parentes et de leurs amies.

Les hommes ne franchirent pas le seuil de la porte ; Pierre leur réservait un autre abri.

Le couvent de Notre-Dame se composait d'un personnel de quatorze religieuses, la supérieure comprise. L'abbesse de Laval avait sacrifié à Dieu sa jeunesse et sa beauté à l'âge de seize ans ; elle en avait trente à cette époque, et sa figure rayonnait de grace et de fraîcheur sous le lin blanc qui l'encadrait. Six jeunes demoiselles appartenant à la noblesse de Provence avaient enseveli sans retour tout un avenir de bonheur mondain dans ce monastère ; les autres religieuses étaient d'un âge respectable et ne redoutaient plus rien ni des hommes, ni du démon.

Lorsque Gabrielle et Claire de Laval se trouvèrent dans un asile à peu près sûr et gardé au dehors par de jeunes hommes vaillans et dévoués, elles reprirent leur gaité des jours tranquilles. Après avoir épuisé la furie de leurs caresses et séché les larmes de joie qui enluminaient encore leurs joues charmantes, elles firent en courant la visite du monastère et s'extasièrent sur cette vie de recueillement et de sérénité qui paraissait empreinte sur tous les murs.

— Je vous assure, ma chère tante, dit Claire à la supérieure, que je suis prête à m'enfermer ici quand nous aurons chassé le Connétable, et si je ne me marie pas.

— Et si vous sortez saines et sauves de ce couvent, ma fille, dit la supérieure.

— Oh! cela ne m'inquiète pas, dit Claire en s'asseyant sur la marche d'un prie-dieu et rejetant sa tête en arrière sur le coussinet de velours; il est plus facile de sortir de ce couvent que de se marier avec un *vilain* quand on est noble, depuis 1253, de Laval en Laval.

— Claire, dit Gabrielle, tu scandalises ces saintes sœurs avec ton babil un peu leste...

— Je vous scandalise? dit Claire en prenant les mains de la supérieure: parlez-moi franchement, nous changerons de conversation.

La supérieure répondit par un sourire plein de bonté qui encouragea Claire à continuer sur le même ton avec son étourderie charmante.

— D'ailleurs, ajouta-t-elle, il faut bien que j'annonce mon mariage à ma tante l'abbesse et à mes sœurs Agathe et Ursule qui sont mes cousines.

— C'est très juste, dit l'abbesse, en embrassant Claire sur le front ; c'est très juste. Voyons, maintenant, dis-moi, quel neveu me donnes-tu dans le monde ?

— Mon père, qui est plus noble que le roi, à ce qu'il dit, veut me donner le seigneur Altovitis, qui *porte d'azur aux trois têtes arrachées de loup de gueule*, et moi je veux me donner M. Victor Vivaux, qui ne porte rien du tout. Je suis en procès avec mon père.

— Ah ! dit la supérieure, voilà qui est mal : la volonté d'un père est la volonté de Dieu.

— Eh bien ! si mon père veut que sa volonté se fasse, je ferai, moi, la volonté de Dieu : je prendrai le voile et j'épouserai le ciel.

— Ma volonté se fera, dit Gabrielle de Laval ; tu épouseras Victor.

Claire prit les mains de sa tante et les

serra ; puis , se retournant vers la supérieure et passant d'un sujet à un autre avec son étourderie d'enfant :

— Savez-vous bien, dit-elle, madame l'abbesse et chère tante, que vous avez trouvé un singulier moyen de faire visiter votre couvent par votre famille, et de nous dérober tous aux fureurs du connétable de Bourbon ?

— Je ne te comprends pas , Claire , dit l'abbesse.

Claire regarda fixement la religieuse et fit un gracieux mouvement d'épaules en clignotant de l'œil , pantomime marseillaise qui signifie qu'on n'est point dupe d'un stratagème innocent.

— Ah ça ! dit-elle, croyez-vous, madame ma tante l'abbesse, que votre belle-sœur et moi nous avons ajouté foi à votre conte des condottieri vénitiens qui assiègent ce couvent ? C'est bien imaginé, ma tante, mais ça n'a pas le sens commun.

— Sainte Vierge! dit l'abbesse en joignant ses mains, tu ne crois pas à cet épouvantable malheur?

Un murmure de surprise éclata parmi les jeunes religieuses.

— Je n'y crois pas, poursuivit Claire: ces condottieri sont des bandits, je le sais par expérience, mais ils ne sont pas sorciers; comment auraient-ils déniché ce couvent qui est perdu dans les bois comme une épingle dans la mer, comme un nid de *bouscarles* dans la forêt de la Sainte-Baume?

— Ah! bon Jésus! dit l'abbesse, ils l'ont découvert, et notre vieux ermite du Plan-d'Aups, qui a fait trois fois le pélerinage de Notre-Dame-Lorétane et qui se connaît en Sarrasins et en écumeurs de terre et de mer, nous a bien expliqué tout ce que tu ne comprends pas. Ces démons incarnés restent au camp si on les paie; quand on ne les paie plus, ils battent la campagne et vont à la chasse des couvens pour piller leurs trésors et faire cent autres abominations. Ils savent leur métier, ils l'ont appris à l'école de Satan. Dès qu'ils trouvent un grand ruisseau d'eau vive dans une plaine desséchée, ils le remontent jusqu'à sa source et ils sont bien sûrs de trouver un couvent au bout. Voilà comment notre pauvre monastère a été découvert. Toutes les nuits, après minuit, ils viennent nous attaquer, et si la sainte Vierge ne nous défendait pas, le bon Dieu sait ce qui serait advenu. Notre porte est bonne, nos fenêtres sont élevées et inabordables; mais les démons grimpent par les peupliers et les lianes sur le toit du couvent et ils travaillent à l'enfoncer. La brèche est déjà si avancée que cette nuit nous nous attendons à les voir tomber dans le couvent.

Les jeunes religieuses poussèrent un cri

d'horreur, firent le signe de la croix et se voilèrent le visage avec leurs mains.

— Jésus! Marie! dit Gabrielle de Laval, dans quel temps vivons-nous? Eh bien! Claire, es-tu toujours incrédule comme saint Thomas?

— Ma tante abbesse, dit Claire, je vous demande pardon de mon incrédulité.... Oui, la circonstance est terrible; mais nous avons vu pire, et nous vous sauverons après Dieu!

Claire dit ces paroles du ton d'assurance d'un vieux soldat qui a traversé toute sorte de périls, et qui veut rassurer de jeunes recrues.

— D'abord, ajouta-t-elle, je me nomme votre général, et vous me verrez le premier sur la brèche. Voilà mon aiguille à broder, qu'à tout hasard j'ai portée dans un pli de ma robe de Naples.

Et Claire tira de son fourreau de soie un long poignard qui étincela sous la lampe de tout l'éclat de son acier et de ses pierres précieuses.

— Oh ! ajouta-t-elle, je garde ce bijou pour le premier Sarrasin qui me tombe de l'enfer !

Et sa figure enfantine prit l'expression de la tête de l'archange aux prises avec le démon.

— Ecoutez, dit Claire en faisant tourner son poignard dans ses doigts d'ivoire tout constellés de pierreries, écoutez, mes sœurs, la Providence conduit tout cela. Qui sait? dans quelques jours nous serons peut-être forcées, nous autres femmes, de nous mêler avec les soldats pour défendre Marseille, et nous faisons notre noviciat dans un couvent. Pour être fortes dans les grands dangers, il faut nous accoutumer aux petits.

— Que la volonté de Dieu soit faite ! dit l'abbesse.

— Mais, s'écria Claire, Dieu veut que nous

soyons fortes comme la femme de l'évangile ; Dieu veut que nous soyons des Judith et des Débora. Les religieuses Clairistes qui se coupèrent le nez à l'approche des Sarrasins firent une sainte folié qu'il ne faut pas imiter. Je ne me couperai pas le nez, moi, je me battrai comme une tigresse, et Dieu m'aidera.

— Bien ! ma nièce, dit Gabrielle en embrassant Claire, oui, Dieu nous aidera.

— Chut ! mes filles, dit l'abbesse en étendant les mains sur la tête de Gabrielle et de Claire, il se passe quelque chose aux environs du couvent.

Les jeunes religieuses se serrèrent les unes contre les autres, et aux gracieuses ondulations de leurs voiles de lin et de leurs corps on aurait cru voir des colombes se prêtant mutuellement l'impuissant abri de leurs ailes contre le bec du vautour.

Gabrielle et Claire, debout, leur poignard

à la main, l'œil fixe, l'oreille tendue au bruit du dehors, immobiles sur les piédestaux de leurs prie-dieu, ressemblaient à deux archanges gardant les saints autels.

— C'est le bruit de la grande source et des peupliers qui sont agités par le vent au lever de la lune, dit Gabrielle.

— Non, ma sœur, dit l'abbesse, non; mon oreille est habituée à toutes les voix de la nuit dans ce bois. Voyez comme l'ombre tremble à ces hauts vitraux; voyez comme les guirlandes de verdure s'agitent aux barreaux de fer de ces croisées. Les démons arrivent!

Les religieuses tombèrent à genoux devant la statue de la Sainte-Vierge, et une voix céleste de jeune fille entonna les litanies de la mère de Dieu.

L'abbesse, Gabrielle et Claire, toujours debout et les yeux fixés sur les hautes croisées, répondaient, comme par habitude, aux versets des litanies.

— *Ora pro nobis!* disait Claire : je connais mon Victor ; si les Sarrasins sont là, Victor n'est plus parmi les vivans.

— Et mon mari ? disait Gabrielle avec effroi.

— Mort ! les nôtres sont tombés dans une embuscade, c'est évident.

— Et le brave berger ?

— C'est un traître, un traître qui nous a vendues pour trente deniers !

— Oh ! quelle idée, ma bonne Claire !

— Un berger ! un berger, ma tante ! que voulez-vous attendre d'un berger ? il nous a vendues comme des agneaux.

Les vitres frémissaient sous l'agitation continuelle du feuillage et des lianes.

— Les voilà ! les voilà ! ce sont eux encore ! disait l'abbesse.

Claire était toute convulsive de colère contre sa tante l'abbesse.

— Ma tante, lui disait-elle en agitant ses petites mains, voilà où vous nous avez conduites avec votre horreur pour les hommes ! Si nous avions ici avec nous Victor et nos braves marins de l'arsenal, cela vaudrait mieux que des *ora pro nobis*.

— Je n'ai personne en horreur, ma nièce, dit l'abbesse avec une voix d'une douceur charmante; mais il faut que j'expie le sacrilége de mes devancières.

— Et moi, et moi, ma tante, je n'ai point de sacrilége à expier!..... Puisque monseigneur notre saint évêque vous envoyait ses dispenses....

— Ma chère fille, je ne reconnais que les dispenses de notre saint père le pape Clément VII.

— Ah! oui, allez écrire au pape à présent!

— Ma fille, ayez confiance en Dieu.

Pour toute réponse à cette pieuse injonction, Claire montra du doigt à sa tante l'ombre noire et massive du peuplier qui s'agitait aux vitres de la haute ogive, tandis que la fenêtre voisine laissait voir un autre peuplier dans une immobilité effrayante, car elle prouvait que pas un souffle d'air ne troublait la nuit et le bois.

Cependant les jeunes religieuses avaient adressé leur dernière invocation à la *reine de tous les saints*, et le suprême verset de la prière virginale expirait sous les corridors du couvent.

Gabrielle de Laval se promenait à grands pas dans la salle, et sa figure exprimait un désespoir qui ne venait pas de la crainte de la mort. Tout-à-coup elle s'arrêta, saisit la main de l'abbesse et lui dit :

— Savez-vous bien, ma sœur, que cette

armée impie de condottieri passant à Bergame a demandé pour contributions de guerre cinq cents écus d'or et un couvent de religieuses ?

L'abbesse leva les yeux aux ciel ; puis, après quelques momens de silence, elle dit :

Mon devoir est d'aller au devant du danger et de l'arrêter, s'il est possible, par une violente supplication qui puisse attendrir ces malheureux. J'espère que dans cette extrémité Dieu mettra dans ma voix cette onction qui change les lions en agneaux.

— C'est un noble espoir, dit Gabrielle d'un ton désespéré.

— Mes filles, dit l'abbesse en s'adressant aux religieuses, allez à la chapelle, éteignez toutes les bougies des *ex-voto*; ne laissez veiller que la lampe du saint-sacrement au sanctuaire, et récitez le *Sub tuum* et le *Salve*. Vous, Gabrielle et Claire, si vous voulez m'accompagner, vous ferez une chose agréable à Dieu.

— Montrez-nous le chemin, dit Gabrielle.

L'abbesse prit une lampe, ouvrit une porte et monta un escalier tournant plein de bruits mystérieux qui provenaient du balancier de l'horloge et du mouvement des ressorts. Lorsque les trois femmes furent arrivées à la hauteur des toits, un horrible grincement de ferrailles les fit tressaillir : c'était la machine qui se mettait en branle pour sonner les douze coups de minuit. Elles s'arrêtèrent comme pour laisser passer cette tempête de sons prolongée par les échos de la tour, et quand le silence retomba dans le ténébreux édifice, elles continuèrent de monter jusqu'à la cage de l'horloge où l'humidité vive de l'air éteignit brusquement leur lampe, comme si la bouche d'un démon eût soufflé dessus.

Cette petite chambre était beaucoup plus élevée que le toit du couvent ; elle n'avait qu'une large fenêtre, ou, pour mieux dire, une large lucarne défendue par une forte grille de fer à barreaux courts et profondément incrustés dans des assises de pierres froides. A travers ces barreaux on voyait, à six pieds en dessous, les tuiles pleines de mousse et les corniches du couvent. Le croissant de la lune, attristé par cette auréole pâle qui annonce un orage, se levait derrière le *Baou de Bretagne*, versant des teintes rougeâtres sur le pinacle du couvent, sur la cime des pins et des peupliers, et laissait le bois et le fond des vallées dans une effrayante obscurité.

— Voici mon observatoire, dit l'abbesse; c'est là que je viens toutes les nuits.

— Seule? dit Claire.

— Avec Dieu, dit l'abbesse.

— Et que voyez-vous, ma tante?

— Ce que vous allez voir vous-mêmes dans un instant, des choses si épouvantables qu'elles vous feraient tomber la face contre terre, comme le grand-prêtre Héli, si votre ange gardien ne vous retenait dans ses bras.

Gabrielle et Claire firent le signe de la croix, et saisissant les barreaux de fer avec leurs doigts d'ivoire, elles plongèrent leurs yeux sur la vaste toiture du couvent, toute hérissée de fleurs agrestes dans les sillons de ses tuiles.

Il était facile de voir, à la douteuse lueur de la lune décroissante, éclipsée encore par le rideau de peupliers, que le toit avait été déjà profondément creusé du côté du midi. Ce ravage était attesté par des monceaux de tuiles brisées et de bois de charpente. La solide architecture de cette époque avait opposé aux assaillans une longue résistance ; mais déjà le jour pénétrait par quelques crevasses dans la partie supérieure du couvent, et un dernier assaut devait livrer, cette nuit, le saint et chaste asile à la merci des Sarrasins de Venise.

L'abbesse, placée derrière Gabrielle et Claire, mit sa tête sur leurs épaules et leur dit :

— Regardez là-bas, au bord du toit, dans les grandes herbes...... il y a quelque chose d'affreux.

Deux *oui*, légers comme le susurre de la sauterelle dans les nuits de l'été, glissèrent sur les lèvres convulsives de Gabrielle et de Claire; leurs mains frémirent sur les barreaux de fer, et leurs seins agitaient leurs hautes collerettes, comme si la brise de la montagne eût soufflé sur la grille du clocher.

Du milieu des grandes herbes un corps humain se leva comme un cadavre de la prairie grasse d'un cimetière; ce corps paraissait gigantesque dans l'ombre trompeuse de la nuit, qui donne aux objets une forme et une hauteur indéterminées.

Le cœur de ces pauvres femmes battait si

fort, qu'il se confondait à l'unisson avec le mouvement des ressorts de l'horloge; leurs lèvres, collées l'une à l'autre par une salive âcre et fiévreuse, pouvaient à peine donner passage à la respiration.

Elles se retournèrent un instant pour reposer leurs yeux ternis par l'effroi sur quelque objet plus rassurant, mais elles ne rencontrèrent que les ténèbres massives de l'escalier de la tour; elles n'entendirent que les coups lents du balancier et le fracas sourd de la cascade voisine qui s'engouffrait dans ce repaire d'échos, comme si quelque torrent, brisant son écluse, fût tombé de la cime du clocher dans les abîmes de ténèbres qui mènent aux enfers.

La forme humaine qui venait de se lever sur la corniche méridionale du couvent fit quelques pas vers le clocher, et elle examina la brèche commencée sur la toiture par les

Italiens. Un rayon horizontal de la lune, perçant tout-à-coup la cime des peupliers, mit dans un relief palpable cette terrible apparition qui semblait n'appartenir qu'au monde des tombeaux. Claire et Gabrielle comprimèrent un cri de surprise tout prêt à éclater ; elles avaient reconnu le fantôme : c'était Pierre le berger !

Victor est mort ! dit Claire dans la langue muette de la pensée et du désespoir ; et elle serra d'un bras convulsif sa tante contre son sein. En ce moment le clocher s'ébranla sur ses fondemens, une heure sonna et le carillon de l'église jeta ses joyeuses volées dans les airs.

La bouche de l'abbesse de Laval se colla tour à tour sur les oreilles de Gabrielle et de Claire, et ces deux dames entendirent ces paroles, si étranges pour elles dans la situation :

— On sonne matines ; restez ici, je descends à la chapelle.

Claire entraîna l'abbesse dans un coin de la cage, et lui dit :

— Coment ! vous allez dire matines ! vous nous quittez ! Mais c'est une folie sans nom !

— C'est une règle sans exception, ma fille, répondit l'abbesse ; rien ne doit interrompre nos prières. Saint Thomas de Cantorbery fut tué à l'autel.

Et l'abbesse descendit l'escalier avec l'agilité d'une maîtresse de maison qui voit clair dans la nuit de son domaine.

Quelques instans après, la spirale sonore de l'escalier apporta aux oreilles de Claire et de Gabrielle le *Domine, in adjutorium meum intende*, entonné par d'angéliques voix ; et rien n'était plus touchant que d'entendre ces jeunes vierges appelant Dieu à leur secours à l'heure des suprêmes dangers.

Le berger Pierre, car c'était lui, avait donc passé à l'ennemi ; il formait, cette nuit, l'avant-garde des condottieri, et Claire et Gabrielle remarquèrent qu'il consultait le ciel, par dédain de l'horloge, pour savoir l'heure, et que, debout sur les corniches, il plongeait ses regards dans les abîmes de verdure entr'ouverts autour de lui, comme pour découvrir des compagnons attendus.

Les deux femmes n'avaient pas besoin de se communiquer leur étonnement et leur indignation par la parole ; elles secouaient leurs têtes avec tristesse, et des larmes coulaient sur leurs joues avec une abondance qui témoignait assez de leur désespoir.

Tout-à-coup le pâtre disparut comme s'il se fût enfoncé dans le toit, et, rampant comme un boa dans les hautes herbes, il s'avança jusqu'à la corniche du midi et reprit la place qu'il avait occupée ; Claire et Gabrielle le perdirent de vue, car de ce côté les cimes des trembles et des platanes retombaient sur la corniche en grappes énormes entrelacées à des faisceaux flottans de lianes, et dérobaient le pâtre aux yeux qui l'épiaient avec un intérêt si brûlant.

Les religieuses, dans la chapelle, lançaient au ciel le verset du psaume 117 :

Le Seigneur est mon soutien. Je ne craindrai pas ce que l'homme peut faire contre moi (1).

Les chastes voix qui chantaient ces paroles semblaient toutes sortir d'un cœur plein de calme et de sérénité. Aucune émotion ne troublait l'accord de ces accens angéliques. Ces jeunes filles, tantôt dominées par les terreurs de la nuit, venaient de reprendre un courage viril en embrassant les franges de l'autel. La religion qui donne à la femme

(1) *Dominus mihi adjutor. Non timebo quid faciat mihi homo.*

l'héroïsme de l'homme est une sainte religion!

Gabrielle et Claire de Laval écoutaient cette harmonie céleste qui montait tranquillement du pied du tabernacle et arrivait à leurs oreilles comme un concert de séraphins. Ces deux femmes, souffrant de toutes les angoisses du cœur et de toutes les épouvantes de l'esprit, se réfugièrent sous les ailes des anges invisibles, et croyant n'avoir plus d'appui sur la terre, elles regardèrent le ciel et attendirent avec une sainte résignation.

Hélas! à cette époque de deuil, de sang, de sacrilége, de violences, l'histoire de ces deux femmes était une histoire vulgaire : sur le double rivage de l'Italie et de l'Espagne, sur la crête des Apennins, dans le golfe de Ligurie, sur la côte triangulaire de la Sicile, les angoisses qui remplissaient tous les couvens n'avaient que Dieu pour les entendre et les secourir.

Nos deux héroïnes marseillaises ne connaissaient que trop ces histoires fatales qui faisaient alors l'entretien des femmes à la veillée, et elles sanglotaient dans leur cœur en songeant à leur douce maison de ville si paisible avant le siége, à leur balcon tout brodé de pampres de vigne où elles entendaient le soir le tambourin de la sérénade et le murmure de la mer, lorsque les oiseaux, enivrés de raisins, saluaient le soleil à son couchant. Il fallait qu'elles subissent les terribles nécessités de ces temps où la guerre était le jeu des hommes et le martyre des femmes.

Claire et Gabrielle avaient fixé leurs regards sur le ténébreux massif de verdure où le pâtre s'était engouffré. Pendant quelques instans elles crurent que Pierre était descendu pour aller au devant de ses complices attardés; mais cette conjecture s'évanouit lorsqu'elles entendirent des voix d'Italiens qui montaient du pied de la tour et qui arrivaient très distinctes à leurs oreilles, malgré le bruit de la cascade et le frémissement des arbres agités par le vent précurseur de l'aube et de l'orage.

A cette époque, la langue vulgaire des ports d'Italie était aussi connue à Marseille qu'elle l'est aujourd'hui. Claire et Gabrielle ne perdirent pas un mot du drame étrange qui se jouait autour du couvent.

— Où es-tu, Giachetti? cria une voix aiguë comme un sifflement articulé.

— Ici, à droite, à la source!

— Que fais-tu?

— Un miracle, je bois de l'eau.

— Silence! dit une autre voix qui ressemblait à un tonnerre parlant italien; silence! à toi Giachetti, à toi Siracusano! Si vous avez trop bu de vin du pays chez le forgeron, je vais vous saigner au nombril.

— Capitaine Graffio, ne vous fâchez pas : quand vous épouserez la supérieure, je vous dirai la messe de noces.

— Tais-toi, païen !.. Le temps est lourd ; il y a des éclairs et des tonnerres là-haut.

— Voulez-vous donc avancer, vous autres, là-bas ? toi San-Marco, toi le Barbagiano ! race de tortues ! Je crois bien que le Connétable vous a chassés du camp ; Satan vous chasserait de l'enfer !

— Capitaine Graffio, les tortues vont se changer en singes pour escalader le couvent.

— Attention ! dit le capitaine ; alignez-vous là, je veux vous inspecter..... Silence !..... l'arquebuse en bandoulière, le poignard aux dents, la pioche à la ceinture. Il ne faut plus que deux instans, cette nuit, pour ouvrir le toit. Quand nous serons logés dans cette forteresse de couvent, l'Antéchrist ne nous en chasserait plus. En avant, l'un après l'autre! conduisez-vous bien! Si les autres arrivent, nous partagerons avec eux. Respect aux vieilles surtout! ne l'oubliez pas.

— Plus de doute, dit Claire, tous nos amis sont morts. Le ciel est juste pourtant!

— Oui, oh oui! plus de doute, ils sont morts! dit Gabrielle; et ses larmes coulèrent avec abondance.

— Et c'est ce pâtre maudit qui les a livrés! dit Claire en allongeant son bras à travers les barreaux.

— On n'entend plus les Italiens, dit Gabrielle; oh! mon Dieu, s'ils étaient partis!

— Partis? ils sont là-bas, du côté de la source; ils montent; ils vont arriver; nous allons les voir..... Oh! descendons, descendons!...

Gabrielle retint Claire par le bras, non pas pour l'empêcher de descendre, mais pour lui montrer quelque chose de mystérieux et de menaçant qui se passait dans les massifs de verdure où le pâtre avait disparu.

Les rameaux flottans des trembles et des peupliers, les festons de lierre et de lianes semblaient agités comme par des efforts de mains puissantes et invisibles. Gabrielle et Claire avaient entendu un cri, un de ces cris aigus comme on en pousse dans les mauvais rêves et qui nous réveillent en sursaut; puis il y eut quelques instans de silence profond, et l'on entendit un autre cri, perçant comme une syllabe de désespoir et suivi du bruit sourd que fait un corps en tombant d'une grande hauteur.

Aussitôt une voix d'Italien, qui partait du toit du couvent, s'écria :

— Pauvre Siracusano! le pied lui a manqué en touchant les tuiles... Capitaine Graffio!... est-il mort, Siracusano?

— Il a eu le temps de mourir trois fois, répondit la voix du capitaine..... C'était un bon soldat le verre à la main... A toi, San-Marco ! eh ! recommande-toi à ton ange gardien.

— Capitaine, dit San-Marco, j'ai mis des reliques de saint Siméon-Stylite à la pointe de mes souliers pour avoir le pied sûr.

Un instant après on entendit encore un grand cri, suivi du bruit de la chute d'un corps humain à travers des feuillages déchirés. La même voix qui parlait sur la corniche apostropha une seconde fois le capitaine....

— Capitaine Graffio ! Giachetti avait blasphémé les saints, la dernière branche de l'échelle a cassé sous ses pieds... Est-il mort ?

— Non... il remue encore... mais il a laissé sa tête là-haut dans le peuplier.... Sont-ils tous maladroits ce soir !

Gabrielle et Claire se regardaient avec des yeux stupéfaits et semblaient se demander mutuellement une explication de ces mystères; elles étaient surtout étonnées du silence que gardait le pâtre dans ce drame plein de ténébreuses horreurs.

— Par la fourche du diable! s'écria le capitaine, je jure de brûler vif le premier qui se laissera tomber encore du toit comme un moineau en nourrice! A toi, Barbagiano; en avant! bon pied et bon œil.

— Oh! je réponds de Barbagiano comme de moi, dit la voix de la corniche: il a ramé cinq ans sur les galères de la république; il a le pied marin comme un homard. A moi, Barbagiano, tiens voici ma main.... Bravo, Barbagiano! il y voit clair comme à midi, ce vieux hibou! Si celui-là tombe, j'avale la lune... Mille tonnerres! cet arbre est sorcier!

— Encore un! s'écria le capitaine d'une

voix de démon qui s'insurge contre Dieu : est-ce toi, coquin, là-haut, qui leur fais le *gambito* pour avoir meilleure part au couvent ?... Ah ! grand Turc que tu es, tu veux un harem à toi seul ! attends !

On vit le peuplier trembler sur ses racines : le capitaine Graffio s'était élancé dans ses rameaux comme un agile marin qui va planter un pavillon à la cime d'un mât. Sa force et son adresse ne le sauvèrent point du sort de ses compagnons.

— Bon soir, capitaine ! dit la voix de la corniche, et le feuillage se déchira sous un corps précipité du toit au pied du couvent. Les trois Italiens, reste de la bande, escaladèrent aussi le peuplier après leur capitaine, et retombèrent en lambeaux.

Alors le pâtre sortit des massifs de feuillage qui le voilaient, et marcha, la tête haute et d'un pas résolu, vers le clocher. Les deux dames se dérobèrent aux regards perçans de Pierre et elles entendirent distinctement ces paroles :

— Le berger a deux bons yeux ; il a vu d'un seul coup d'œil l'étoile de Dieu et le diamant de la femme : il ne voit plus que l'étoile en ce moment.

— Un profond silence suivit ces paroles. On n'entendit plus que le bruit léger des pas du pâtre sur les tuiles chancelantes du toit du couvent.

Claire et Gabrielle se replacèrent à leur observatoire et elles virent un soldat italien qui marchait, les mains derrière le dos, sur le bord de la corniche et regardait dans le bois. Le berger avait disparu, mais on pouvait présumer, à l'ébranlement saccadé du peuplier et des arêtes de lierre, qu'il n'avait pas encore touché le sol.

Cependant l'office des matines était terminé.

L'abbesse de Laval vint reprendre son poste à côté de ses parentes, et sa calme figure était empreinte de cette sainte confiance que le plus faible puise dans la prière au pied des autels.

— Que fait-on ici? demanda-t-elle à voix basse en appliquant ses lèvres à l'oreille de Claire.

— On fait des mystères, répondit Claire; nous ne comprenons rien à ce que nous entendons.

— Chut! dit Claire, écoutez!... c'est horrible!... On dirait que des cadavres ressuscitent dans le cimetière du couvent...

En effet, des voix lugubres et plaintives montaient du bois, pareilles aux gémissemens qui s'élèvent d'un champ de bataille plein de ces déchirantes agonies en révolte contre la mort.

— Il y a là-bas des gens qui souffrent,

dit l'abbesse ; prions pour eux, mes sœurs.

— Ces gens qui souffrent, dit Claire, sont des brigands.

Insensiblement ces voix funèbres s'éteignirent ; il semblait que des blocs de rocher se détachaient de la montagne, tombaient dans l'abîme du torrent voisin avec des fracas sourds d'eaux souterraines et de déchiremens de feuillages et de rameaux.

— C'est bien ! dit l'Italien du haut du toit ; ils ne souffriront plus : les corbeaux et les merles ne jeûneront pas demain.

— Veux-tu te taire, *darnagas !* dit une voix qui partait du pied du couvent ; ajoute encore une parole, et je monte pour te faire passer le goût du pain.

— C'est la voix du berger ! dit Claire..... Que se passe-t-il donc ?

— Ce qui se passe est fort clair, dit Gabrielle : c'est Pierre qui a précipité l'un après l'autre tous les bandits du haut du couvent, et qui vient à présent de les précipiter dans le ravin pour ne pas laisser de trace de ce qu'il a fait.

L'abbesse de Laval, à genoux sur la pierre et le visage tourné vers la croix du couvent, priait pour les morts.

Au même instant, nos héroïnes entendirent sonner à la porte du couvent l'air de l'*Angelus*. Les deux dames de Laval tressaillirent et ressentirent à la fois tous les genres d'émotion.

— Si c'était un piége ? dit Claire; un piége du berger qui connaît malheureusement ce signal !

— Descendons, dit Gabrielle, et nous n'ouvrirons qu'à la voix des nôtres.

— Claire est bien méfiante, dit l'abbesse en faisant le signe de la croix et en se relevant. Ma fille, ce couvent a été béni par l'évêque Anaclet, mort en odeur de sainteté ; il ne redoute rien des piéges de l'homme. Je viens de faire allumer six cierges de la Chandeleur devant la châsse des reliques de saint Maximin. Suivez-moi, mes filles; Dieu est avec nous.

Le pied avancé sur l'escalier, Claire jeta un dernier coup d'œil sur le toit de l'édifice ; elle ne vit que le mystérieux Italien, toujours debout sur la corniche, la tête inclinée sur le bois.

Les trois femmes descendirent l'escalier, ayant un péril sur leurs têtes et à leurs pieds, et elles vinrent reprendre leur première position dans la grande salle du parloir, séparée du corridor par une grille de bois. Là, elles retrouvèrent toutes les religieuses groupées étroitement entre deux pilastres comme un vol d'alcyons avant l'ouragan attendu ; elles étaient plus pâles que le lin qui les couvrait :

on aurait cru voir des mortes sous le suaire sortant du sépulcre avec des yeux vivans.

L'abbesse ordonna, par un signe, à la sœur tourière d'aller interroger ceux du dehors qui sonnaient.

La tourière obéit avec la résignation passive du soldat qui reçoit de son chef l'ordre de se faire tuer.

La voix de la tourière se fit entendre extérieurement par les hautes et étroites meurtrières de la façade du monastère. Les oreilles des religieuses étaient collées contre la grille du parloir; le silence était solennel.

On entendit très distictement la voix claire et perçante du pâtre Pierre qui disait : Soyez tranquilles; on veille sur vous; tout va bien.

Un léger murmure de satisfaction sortit de toutes les poitrines, et des rayons d'espoir illuminèrent un instant ces angéliques visages de vierges recluses. Claire seule parut persister dans ses inquiétudes, et l'abbesse garda sa religieuse impassibilité.

Pierre venait d'accomplir un travail héroïque : seul, debout sur le toit du couvent, il n'avait pas hésité de livrer bataille aux assiégeans; couché sur la corniche saillante dans les hautes herbes, comme un crocodile aux rives du Nil, il avait saisi à la gorge le premier Italien monté sur le toit; il l'avait menacé de l'étrangler s'il proférait un seul cri, et il s'était servi de lui pour appeler le reste de la bande. Dès qu'un de ces bandits touchait la corniche, Pierre lui brisait la main droite avec son poing de fer, et l'assiégeant tombait du sommet de l'édifice. Le profond et ténébreux ravin avait reçu les victimes de ce champ de bataille, et le berger, abandonnant sur le toit le dernier Italien dont les mains étaient liées derrière le dos, allait maintenant rejoindre ses compagnons au poste du carrefour du bois ; son œuvre n'était faite qu'à moitié.

A cette époque, le bois de Saint-Pons n'était accessible par un sentier frayé que vers le nord, au pied des montagnes boisées que l'on côtoye aujourd'hui encore pour arriver, du petit lac bordé de pins et de cyprès, au vieux pont qui mène aux ruines du monastère. A la lisière du bois, de ce côté, il y a une espèce de fortification naturelle taillée dans le roc, dominant à pic le sentier étroit, et voilée par des touffes de chênes-nains, de figuiers stériles et de houx. Le berger Pierre, avec son instinct de stratégie commun à tous les sauvages, et sa connaissance exacte des localités, avait posté en embuscade les jeunes Marseillais dans ce bastion, pour arrêter violemment l'autre bande d'Italiens qui devait arriver à tout instant, selon les avertissemens qu'il avait reçus. Tranquille sur ce point, Pierre pouvait opérer seul du côté du couvent, et il se sentait assez fort, assez rusé, assez intelligent pour se débarrasser des premiers assaillans italiens sans donner l'éveil aux autres et sans faire usage d'une de ces armes bruyantes qu'il méprisait souverainement et dont la vue seule le faisait sourire de pitié.

VI

Cependant, l'inquiétude était grande dans la petite troupe marseillaise embusquée à la lisière du bois. M. de Laval manifestait par intervalles d'injurieux soupçons et accusait la loyauté du pâtre. Les bruits étranges qui sortaient des profondeurs de la forêt ténébreuse ne pouvaient faire naître des conjectures rassurantes. Altovitis et Victor Vivaux, honteux d'être emprisonnés par l'ordre d'un pauvre berger, et brûlant du désir de faire quelque grand exploit chevaleresque sous les yeux de la femme aimée, tournaient leurs regards vers les sombres abîmes de verdure où s'accomplissait sans doute un terrible et mystérieux événement, et leurs pieds trépignaient sur le roc, attestant une impatience arrivée à son comble ; mais l'ascendant que le berger exerçait sur eux était déjà si fort qu'ils n'osaient violer sa consigne, donnée avec cette assurance calme et cette conviction dans le succès qui suppriment toute désobéissance et révèlent un esprit supérieur, même sous l'enveloppe la plus grossière. Altovitis s'était préparé à une lutte formidable dans laquelle sa force et son adresse devaient lui mériter les applaudissemens de son rival. Il avait jeté aux buissons sa toque de velours et son riche mantelet de soie ; son bras nu et athlétique dardait sans effort une de ces longues et lourdes épées qui attestent encore dans nos musées la vigueur de nos aïeux : c'était un jeune homme de la forte race des croisés, dont le corps puissant sortait du moule des cuirasses iduméennes ; cavalier, il emportait son cheval sous l'éperon de ses genoux de fer ; fantassin, il s'élançait sur les hallebardes alignées, comme Nemours à Ravennes, et il les soulevait toutes d'un bloc pour ouvrir une brèche dans un bataillon. Les traits de son visage, fortement ciselés, n'avaient pas la distinction des hautes naissances, mais il y régnait une fierté mâle et une vigueur de tons qui dans un soldat l'emportent sur la beauté. Auprès d'Altovitis, Victor Vivaux paraissait un enfant gracieux qui vient faire ses premières armes sous les yeux d'un maître consommé.

Ce fut plutôt le frôlement du feuillage que le bruit de ses pas qui annonça l'arrivée du pâtre aux oreilles des Marseillais de l'embuscade. Altovitis allongea sa formidable épée en dehors du mur des rochers, et il allait s'élancer, lorsque Pierre se fit reconnaître dans l'éclaircie du bois.

Le berger marchait de ce pas insouciant qui était son allure habituelle, rien dans son extérieur n'annonçait la lutte inouïe qu'il venait de soutenir. Quand il rejoignit les Marseillais, il dédaigna même de leur parler de sa victoire; il se contenta de dire avec simplicité :

— Messeigneurs, tout marche bien.

Et à la triple question qui lui fut faite sur les dames de Laval, il répondit :

— Elles sont là, en lieu sûr.

L'impétueux Altovitis, élevant son épée à six pieds au-dessus de sa tête, prit le berger par la main et lui dit :

— Eh bien! maintenant, mon ami, que faut-il faire ?

— Rien ! répondit le berger avec un imperturbable sang-froid qui fit retomber la longue épée sur la bottine d'Altovitis.

Les jeunes marins de l'escorte, gens habitués aux périls extrêmes de la mer et ne croyant jamais avoir rien à redouter de la terre, dormaient sur un lit de haut gazon, une main sous le front, l'autre à la poignée du sabre nu.

— M. de Laval, prenant une pose digne, se disposait à interroger le pâtre, lorsqu'un horrible cri, sorti de la forêt, suspendit la parole sur ses lèvres.

C'était un cri lamentable qui domina le fracas sourd des torrens, cri d'agonie et de désespoir d'un géant écrasé sous un roc. Au même instant, la cloche du monastère tinta.

— C'est une agonie violente ! dit Altovitis.

— C'est le glas qui sonne ! dit Victor.

— C'est le dernier brigand qui meurt ! dit le pâtre.

On n'entendit bientôt plus rien de ce côté. La nature seule continuait de remplir le bois de ses harmonies nocturnes et solennelles : on eût dit que la montagne s'était entr'ouverte comme un volcan d'eau et qu'elle vomissait à la fois son immense réservoir en mille cascades, dans mille ravins, avec mille échos.

Le pâtre fit deux ou trois tours sur ses pieds comme un tigre qui cherche une place pour se reposer ou s'endormir, et il se blottit dans une touffe de chèvre feuille en avant du bastion naturel.

— Il faut faire parler cet homme, dit Altovitis ; est-ce un espion ? est-ce un ami ? Je ne m'amuse pas, moi, à chercher des énigmes ou à dormir, quand je tiens ma bonne épée à deux mains.

— Vous avez raison, Altovitis, dit le sire de Laval ; des gentilshommes comme nous ne sont pas faits pour garder un trou d'embuscade à l'exemple des gens de maraude. Ce capricorne se donne des airs de consul romain en campagne ; il nous relègue à une lieue du couvent pour défendre ce couvent, voilà une singulière tactique ! Dieu veuille qu'à la pointe du jour nous ne trouvions pas ce pauvre monastère saccagé !

— Messieurs, dit Victor Vivaux, attendez demain pour accuser.

— Demain ? dit Altovitis ; eh ! il y a un siècle d'ici à demain ! Songez-vous bien à toutes les angoisses qui dévorent en ce moment les dames de Laval ?

— J'y songe comme vous, dit Victor.

— Allons au couvent donc, dit Altovitis.... Ecoutez... écoutez... c'est le tocsin qui sonne au monastère !...

Et il fit un pas du côté du pâtre.

— Brave homme, poursuivit-il en se baissant pour secouer le bras de Pierre, si vous voulez aller garder vos chèvres, ne vous gênez pas..... nous ferons la besogne sans vous..... Comprenez-vous ce que je vous dis, brave homme ?

Le pâtre se releva et, séparant sur son large front les boucles massives de ses cheveux, il regarda fixement Altovitis, puis il allongea un pied, croisa les bras sur sa poitrine et sembla désirer une nouvelle invitation dans le genre de la première, pour faire une réponse à laquelle on ne s'attendait pas. Altovitis en effet répéta son invitation.

En ce moment, le nuage plombé qui couvrait le croissant de la lune se déchira, et un pâle rayon glissa sur le lieu de cette scène.

— Monsieur, dit le pâtre en prenant Altovitis par la main, connaissez-vous la couleur de ces taches ?....

Et il montrait ses pieds nus et ses hautes

jambes tout couverts du sang des ennemis qu'il avait précipités vivans du haut du monastère, et morts ou blessés dans l'abîme des ravins.

— Que de sang ! que de sang ! s'écria le généreux Victor.

— Ce n'est pas le mien ! dit le pâtre avec une simplicité d'accent admirable.

— Et quelles armes aviez-vous, dit Altovitis, pour soutenir un combat avec ces brigands ?

— De meilleures armes que les vôtres, dit le berger en souriant.

Et ramassant la lourde épée qu'Altovitis avait déposée devant lui sur le gazon, il la brisa comme une lame de verre, et jeta les tronçons au torrent voisin.

— Vous autres, gens de la ville, ajouta le berger, vous ne savez pas connaître vos amis, vous ne savez pas combattre vos ennemis; vous parlez d'or, voilà tout; vous ne prévoyez rien, vous ne calculez rien, vous marchez au hasard, et vous vous croyez invincibles quand vous avez une mauvaise épée à la ceinture et une arquebuse éteinte sur l'épaule. Je n'aime pas me vanter, moi, parce que l'orgueil est un péché mortel; mais je me crois permis de vous dire que je suis le seul ici qui risque sa vie pour faire une bonne action agréable à Dieu. Vous, messeigneurs, vous songez à des femmes, à des récompenses, à des honneurs, à des parchemins. Ces marins qui dorment là ont leur ambition aussi, et ils rêvent peut-être qu'ils commandent la flotte du roi au retour de cette expédition. Moi, j'ai quitté mes chèvres qui souffrent et mon chien qui me pleure, pour me battre contre les ennemis de Dieu, du pays et du roi; et si j'ai le bonheur de réussir dans ce que je fais, je reviendrai pauvre et nu auprès de mes chèvres et de mon chien. Cependant je m'aperçois avec peine que je suis entouré de soupçons parmi ceux que je sers avec désintéressement. Vous voulez m'éloigner par méfiance ; je pourrais me venger en me retirant. Demain, quand vous passerez sur le pont du monastère, les lianes sanglantes du ravin vous diront si c'est à vous ou à moi que les femmes de votre famille doivent la vie et l'honneur.

Et comme le sire de Laval, Altovitis et Vivaux, touchés de ce langage, tendaient affectueusement les mains vers le pâtre, celui-ci, sans dédaigner ni accueillir ces témoignages de réconciliation, leur montra sur le sentier son ami le pâtre de Gêmes qui arrivait avec précipitation, et leur dit :

— Messeigneurs, en voilà un encore qui vous sert pour servir Dieu, et qui ne vous demandera rien ; il vient de faire trois lieues pour vous, parce que je lui avais dit : Va ! Il est revenu en moins de temps qu'il n'en faut pour dire le rosaire de Notre-Dame-des-Carmes.

Les deux bergers s'entretinrent quelque temps à voix basse, et l'on pouvait aisément remarquer à leurs gestes que Pierre faisait des questions, et l'autre des réponses.

Pierre parut satisfait des renseignemens qu'il venait de recevoir et qui se rattachaient sans doute au vaste plan ourdi mystérieusement dans sa tête.

Les seules paroles qui furent entendues étaient celles-ci :

— Le berger de Cuges, l'ami Jausserand, a-t-il vu l'ermite du Plan-d'Aups ? (1)

Pierre avait fait cette question.

(1) A cette époque, le village de Cuges n'était pas situé, comme il l'est aujourd'hui, dans une grande plaine sur la grande route ; il s'élevait sur la colline de Sainte-Croix, dans le voisinage de la chaine de montagnes qui descend du Saint-Pilon.

46

www.ingramcontent.com/pod-product-compliance
Ingram Content Group UK Ltd.
Pitfield, Milton Keynes, MK11 3LW, UK
UKHW022053260726
13993UKWH00001B/80